河南工业大学社科创新基金支持计划
（编号：2021SKCXTD09）

音声学视角下的
日语教学法

赵晓培 著

四川大学出版社
SICHUAN UNIVERSITY PRESS

图书在版编目（CIP）数据

音声学视角下的日语教学法 / 赵晓培著 . — 成都：
四川大学出版社，2024.5
ISBN 978-7-5690-6896-2

Ⅰ．①音… Ⅱ．①赵… Ⅲ．①日语－教学法 Ⅳ．
① H369.3

中国国家版本馆 CIP 数据核字（2024）第 096027 号

书　　名：	音声学视角下的日语教学法
	Yinshengxue Shijiao xia de Riyu Jiaoxuefa
著　　者：	赵晓培

选题策划：	于　俊
责任编辑：	于　俊
责任校对：	余　芳
装帧设计：	墨创文化
责任印制：	王　炜

出版发行：	四川大学出版社有限责任公司
地　址：	成都市一环路南一段 24 号（610065）
电　话：	（028）85408311（发行部）、85400276（总编室）
电子邮箱：	scupress@vip.163.com
网　址：	https://press.scu.edu.cn
印前制作：	成都完美科技有限责任公司
印刷装订：	成都市新都华兴印务有限公司

成品尺寸：	170 mm×240 mm
印　张：	13
字　数：	262 千字

版　次：	2024 年 5 月 第 1 版
印　次：	2024 年 5 月 第 1 次印刷
定　价：	68.00 元

本社图书如有印装质量问题，请联系发行部调换

版权所有 ◆ 侵权必究

扫码获取数字资源

四川大学出版社
微信公众号

目 录

第1章 外语教学法 ·· (1)
  第1节 外语教学法概述 ·· (1)
  第2节 直接教学法 ·· (5)
  第3节 翻译教学法 ·· (7)
  第4节 音声学 ·· (10)
  第5节 音声与外语教学 ·· (11)

第2章 实验 ·· (14)
  第1节 实验简介 ·· (14)
  第2节 实验过程 ·· (15)

第3章 实验结果 ·· (169)
  第1节 受试者数据评价 ·· (169)
  第2节 实验结果分析 ·· (180)

第4章 音声学视角下两种教学法的分析与应用 ······················ (181)
  第1节 直接教学法的总结 ······································ (181)
  第2节 翻译教学法的总结 ······································ (185)
  第3节 直接教学法与翻译教学法对比分析 ························ (188)
  第4节 直接教学法与翻译教学法面临的挑战与问题 ················ (192)

第5章 结论 ·· (196)

参考文献 ·· (199)

第 1 章

外语教学法

第 1 节　外语教学法概述

外语教学法是指在教学过程中，教师采取有效的教学手段和技巧，帮助学生掌握外语知识和技能，形成良好的外语学习习惯和思维方式，实现外语教学目标所依据的理论、原则和方法。外语教学法涉及教学内容、教学方法、教学手段、教学评价等方面。

1. 主要的外语教学法

（1）翻译教学法

翻译教学法是指在教学过程中，教师主要通过语法知识的讲解和翻译练习，帮助学生掌握外语语法规则和语言表达方式的一种方法。翻译教学法强调语言知识的传授和语言技能的训练，注重语言的准确性。

（2）听说教学法

听说教学法是指在教学过程中，教师主要通过听说练习培养学生的外语听说能力的一种方法。听说教学法强调语言实践，注重语言的流利性和连贯性。

（3）交际教学法

交际教学法是指在教学过程中，教师通过创设真实的交际情境，让学生在交际中学习外语的一种方法。交际教学法强调语言的交际功能，注重语言的实际运用能力。

（4）任务教学法

任务教学法是指在教学过程中，教师通过设置具体的任务，让学生在完成任务的过程中学习外语的一种方法。任务教学法强调语言任务的完成，注重语言的实际运用能力和解决问题的能力。

（5）自然教学法

自然教学法是指在教学过程中，教师尽量模拟母语学习的过程，让学生在自然的环境中学习外语的一种方法。自然教学法强调语言习得的自然过程，注重培养学生的语言意识和语感。

（6）认知教学法

认知教学法是指在教学过程中，教师通过启发式提问、讨论等方式，引导学生主动思考、发现和解决问题，从而提高学生外语认知能力的一种方法。认知教学法强调学生的主动认知，注重培养学生的思维能力和创新能力。

2. 主要的外语教学法的发展

（1）翻译教学法

在早期的外语教学中，翻译教学法占据主导地位。翻译教学法早在中世纪时期的古典语言学习和教学中就已初具规模。到了19世纪，随着经济的不断发展，贸易需求越来越大，人们对语言交际的需求也日益增长，传统的翻译教学法已经不能满足需要。到19世纪下半叶，以直接教学法为雏形的外语教学法改革开始出现。

（2）直接教学法

19世纪下半叶，西欧出现了以直接教学法（亦称直接法）为核心的外语教学改革运动。相较于翻译教学法，直接法具有以下几个特点：一是强调口语的重要性；二是以课堂教学为中心，更加注重口语授课的重要性和优势；三是注重口语表达，解决了"哑巴外语"的尴尬局面。在直接法中清晰地展现了教师与学生之间的口语对话，教师采用示范性口语，并提供相关背景信息，学生用外语来回答教师的提问。在问答过程中，学生不能使用母语，但可以借助手势、道具等来表达自己的意思。这种方法可以照顾到每位学生的反应与需求。这一教学法在小范围内取得了良好的效果，后来大家纷纷开始效仿。

（3）听说教学法

听说教学法起源于美军为搜集海外情报，根据情境的重要性选择所需的语言与特定词汇、句型，对专门进行情报搜集的学员进行的以听力为主的密集特训。听说教学法主要通过口语句型的反复训练，帮助学生建立机械反应，从而最终形成习惯，可以在不知不觉中运用所学的特定语言知识。

（4）认知教学法

认知教学法主要通过反复机械训练，掌握规则，在学习发音的同时学习文字，从一开始就同时培养听说读写的综合技能，也允许使用翻译手段。认知教学

法强调的是理解力,在理解的基础上新学语言材料,能够创造性地运用语言。认知教学法以认知心理学和转换生成语言学为理论基础。

(5) 全身反应法

全身反应法倡导把语言和行为联系起来,通过身体动作教授外语,强调在真正的情景中进行教学。在典型的全身反应法的课堂上,教师在授课时会先让一位学生站在讲台前,根据指令做动作,全班同学反复听教师的指令,看该学生的动作。等大多数学生理解了指令的意义后,教师可亲自或请学生发出相同的指令,要求全班同学按照指令做动作。该方法旨在通过身体的感知,促进学生对语言的体验。

(6) 交际教学法

交际教学法是全球范围内影响较大的外语教学法,源于20世纪70年代,是基于语言学家海姆斯(D. Hymes)的交际能力理论和韩礼德(M. Halliday)的功能主义语言学理论形成的。交际教学法倡导实用。在人们表达意念和情感的过程中,语言是一个工具。由于职业的不同,人们对语言的需求也各不相同,外语的教学内容也应该各不相同。基于此,交际教学法强调不同的群体存在语言需要和学习内容的差异。交际教学法不同于翻译教学法,不以语法单词为大纲,而是以语言的表达功能为主,根据学生的不同需求选择教学内容,通过反复的接触、模仿练习和自由表达来组织学习,从学生的实际情况出发,确定教学目标和教学过程,从而培养学生的语言应用能力。

(7) 全语言教学法

全语言教学法适用于儿童,广泛应用于第二外语教学。全语言教学法重在把语言看作一个整体,不进行人为分割,没有语言、语法、词汇、句法等分支单位,教授过程中进行整体的训练和应用,不把某一项单独分割出来。

(8) 任务教学法

任务教学法简单来说就是让学生身临其境,把学习与生活环境和生活经验挂钩,在环境和经验中充分体验学习和语言的乐趣。这种方法要求学生在教师的指导下通过直观感受、亲身实践和积极参与等方式,主动学习语言、运用语言,在语言使用的过程中自然地运用所学语言知识,以此提高语言的准确性、流畅性和复杂性。学生充分利用语言来完成具体的任务,以语言为工具来展示完成任务的过程,将学习与实践融为一体,最后通过实践结果来衡量教学效果。

(9) 情况教学法

情境教学法是一种双重教学法,教师在教学环节通过亲身示范,既教授专业知识又教授语言知识,巧妙地将内容与主题相融合。与传统的教学法相比,此方法主要以知识、情境、技能、功能使用为主,将语言课程作为出发点,将学习的

内容转化为情境，巧妙地将语言知识与情境融为一体，在情境中学习，通过情境运用展现教学内容。情境教学法主要强调以人为本，把学习者的综合应用能力作为学习的最终目标，并围绕同一主题展开语言教学活动。情况教学法主要围绕一个主题展开各个分支交叉的结构，同时为学习者提供有关该主题的各类语言材料，不断提高学习者的语言水平。在此模式下，同一主题的知识网也会越来越大，涉及的相关单词、语法、句型也会越来越多，学生的知识面也会不断扩大。此种方法强调的是主题内容合一，所以在学习资料的选取、学习内容的安排、学习活动的设计上都是灵活多样的，这也更能激发学生的学习兴趣。

3. 主要的外语教学法的教学理念与特点

不同的外语教学法在不同的历史时期和教学环境下均发挥了积极作用，也对外语教学的理论与实践产生了深远影响。

（1）教学理念

各种教学法在外语教学理念上各有侧重，但总体上都以提高语言技能、培养语言运用能力为目标。翻译教学法注重语言的规范性和准确性，强调语法规则的掌握。直接教学法则反对母语媒介，主张运用外语本身进行教授，强调语言与思维的一体性。听说教学法注重口语训练和语言习惯的培养，认为语言是习惯形成的。情境教学法强调语言与情境的结合，通过情境促进语言的理解和运用。交际教学法则关注真实的交际活动，认为语言运用能力是在交际过程中形成的。

（2）教学特点

首先，在教学方法方面：翻译教学法主要采用翻译和阅读的方法，注重语法规则的讲解和练习；直接教学法则主要通过外语本身进行教授，强调口语和书面语的模仿和练习；听说教学法主要采用听说训练的方式，培养学生的口语能力；情境教学法主要通过情境创设和角色扮演等方式进行语言教学；交际教学法主要通过真实的交际活动进行语言教学，注重语言运用能力的培养。

其次，在教学设计方面：翻译教学法注重知识的系统性和完整性，按照语法规则的难易程度进行循序渐进的教学设计；直接教学法注重实用性和趣味性，通过生动活泼的教学活动进行课堂教学设计；听说教学法强调先培养口语能力，再进行读写能力的培养；情境教学法强调通过情境创设进行联想式的教学设计；交际教学法强调真实的交际活动，通过话题和任务进行主题式的教学设计。

再次，在课堂气氛方面：翻译教学法的课堂氛围较为严肃，注重纪律和规范性；直接教学法的课堂氛围较为活泼，注重学生的参与和互动；听说教学法的课堂氛围较为轻松，注重学生的体验和实践；情境教学法的课堂氛围较为开放，注重学生的联想和创新；交际教学法的课堂氛围较为真实，注重学生的交流和合作。

最后，在实证研究方面，近年来许多实证研究对外语学法各流派的有效性和可行性进行了探讨。研究结果表明，各流派在不同方面都具有独特的优势和不足。翻译教学法在语法规则的掌握和阅读理解方面具有较高的有效性，但在口语和听力方面可能存在不足。直接教学法在口语和听力方面表现出较强的优势，但在语法规则的掌握方面可能有所欠缺。听说教学法在口语能力培养方面具有显著效果，但在阅读和写作方面可能存在一些限制。情境教学法和交际教学法在语言运用能力的培养方面具有积极作用，但在语法规则的掌握和语言的规范性方面可能有所不足。针对各流派的不足之处，研究者提出了一些改进建议。例如，结合不同流派的优势进行混合式教学，以提升教学效果。同时，还应考虑学生的个体差异和实际需求，进行个性化的教学策略调整。

总之，各种外语教学法在教学理念和特点上表现出独特之处，每种方法都有其优势和不足。通过对实证研究的分析，我们可以看到不同教学法在不同方面对教学实践的积极作用。

4. 外语教学法的未来发展

随着社会的发展和科技的进步，外语教学法也在不断发展和创新。未来的外语教学法将更加注重学生的个性化学习，更加注重语言的实际运用能力，更加注重科技的运用。同时，外语教学法也将更加注重教师的专业素养和教学能力，更加注重教学评价的科学性和有效性。外语教学法是外语教学的重要组成部分，其发展和创新是外语教学理论研究的基础，对外语教学法进行详细了解，有助于我们在未来的外语教学中更加注重学生的个性化学习、语言实际运用能力和科技手段运用能力。同时，外语教学法的不断更新发展，也要求教师更加注重专业素养和教学能力，更加注重教学的科学性和有效性。

外语教学法的未来发展充满机遇和挑战。面对未来，我们需要充分认识外语教学法的重要性，积极应对挑战，并努力推动其发展。未来的外语教学法可能会更加注重技术应用、学生中心地位、语言的实用性和文化理解，以及在线学习和评估反馈等方面的发展。同时，我们也需要关注全球教育趋势的发展，以便更好地适应和应对未来的挑战。

第 2 节　直接教学法

1. 方法概述

直接教学法是一种备受推崇的教学策略，以其注重学生参与和实时反馈而受到教育工作者的喜爱。这是一种以教师为中心的教学策略，其目的是帮助学生快速掌握知识点。这种教学方法强调教师的直接指导和学生的积极参与，通过实时

反馈和反复练习来提高学生的学习效果。直接教学法有着悠久的历史，早在古希腊时期，苏格拉底和亚里士多德等哲学家就采用了类似的教学方法。在现代教育实践中，直接教学法仍然被广泛运用，尤其在基础教育领域。

16 世纪的一系列政治变革使拉丁语的重要性降低，逐渐演变为学校中的一门普通学科。学习拉丁语经典著作，分析其语法和修辞的学习方法便成了外语学习的模式。到了 18 世纪，外语学习的标准方法就是这种在拉丁语学习的基础上发展而来的方法——翻译教学法。尽管语法翻译法在培养阅读能力方面有一定的实际成效，但它偏重阅读能力、忽视口语能力的做法，明显不适应资本主义发展和扩张的时代要求。直接教学法作为一种新的语言教学方法，它在更大程度上反映了现代外语教学的时代要求：语言教学应更加重视口语教学，应该用目的语进行直接交际而非转译。这一方法被迅速应用到学校的外语教学中，取得了较好的成效。在直接教学法的历史上，1886 年国际语音协会的成立被看作现代语言教学思想发端的里程碑事件。该协会的几项重要主张对直接教学法的诞生产生了重要影响：①教授口语；②进行语音训练，使学生建立起良好的发音习惯；③使用对话体课文，教给学生口语短语；④使用归纳的方法学习语法；⑤在教学中建立起来的是目的语系统内部的语义关系，而非母语与目的语之间的语义关系。这些主张直指语法翻译法的两个重要缺陷：一是过分注重书面语，二是以翻译作为中介而非直接使用目的语。

2. 实际应用

直接教学法是一种有效的教学策略，能够帮助学生在短时间内快速掌握知识点。然而，这种教学方法也存在一些缺点，需要教师在实践中注意把握。未来，随着教育技术的发展，直接教学法将在更多领域得到应用和改进，为提高教学质量和学生学习效果发挥更大的作用。

直接教学法的"直接"在于直接排除母语的干扰，将实物、动作、表情、辅助工具等结合起来，犹如我们直接接触母语一样，将生活中的口语和常用语等传达给接受者。直接教学法的使用规则如下：①用目的语进行课堂教学；②只教授常用的词汇和句子；③在小规模班级中，教师通过精心安排的问题，以问答的形式训练学生的口语交际能力；④用归纳法进行语法教学；⑤口头介绍新的教学内容；⑥通过展示物体或图片教授具体词汇，通过意义联系教授抽象词汇；⑦教授语音和听力；⑧强调准确的发音和语法。直接教学法的实施条件苛刻，首先需要外教，其次是小班授课。如果在容量比较大的班级里面，就没有什么效果了。直接教学法要求教师具有较高的语言水平。20 世纪末，我国的外语教育基础薄弱，加之外籍教师的严重不足，导致了这种教学法只能在少数私立学校展开。

3. 直接教学法的利弊

我们采用了文献调研、教师访谈和学生问卷三种方法进行数据收集。文献调研主要涉及教育理论和教学实践的相关文献。教师访谈旨在了解教师对直接教学法的看法和体验。学生问卷则从学生的角度了解学生对直接教学法的感受。

直接教学法的优点主要有两个。①效率高：直接教学法可以在短时间内传递大量的知识，有利于高效率地完成教学任务。②便于控制：直接教学法有利于教师控制教学进度和教学节奏，有利于知识的系统传授。

缺点主要有三个。①学生主动性低：直接教学法倾向于灌输知识，可能会降低学生的主动性和参与度。②实践性和创新性不足：直接教学法偏重理论知识的传授，可能忽视了学生的实践能力和创新思维的培养。③教育公平性担忧：使用直接教学法可能导致部分资质较差的学生难以完全理解学习内容，使得教育公平性受到质疑。

直接教学法在教育实践中具有重要的地位，但也存在不少问题。为了更好地发挥直接法的优势，我们需要采取一些改进措施。比如，增加互动环节，引导学生参与课堂讨论；注重实践和创新，让学生在动手操作中学习；实施差异化教学，满足不同学生的学习需求。在教育改革和教学创新的趋势下，我们需要认识到直接法的局限性，并尝试引入更多的教学方式，如项目式学习、合作学习、探究式学习等，以丰富外语教学策略。

总的来说，直接教学法是一种传统而有效的教学方法，在教学实践中具有重要地位。然而，随着社会的进步和教育的发展，教师不能仅仅依赖直接法，而应结合其他教学方法，取长补短，形成更为综合、多元的教学策略。同时，教师应关注学生的需求，提高教学质量，推动教育的公平和全面发展。

第 3 节　翻译教学法

1. 方法概述

翻译教学法是一种基于语言翻译的教学方式，旨在帮助学生掌握双语或多语翻译技巧，增强语言交流能力。随着全球化进程的加速，翻译教学法越来越受到教育界的关注。这是一种以翻译语言为教学手段的教学法。该方法通过对比分析源语言和目标语言之间的差异和相似之处，帮助学生掌握两种语言的基本词汇、语法和语用规则。翻译教学法可以分为口译和笔译两种形式，其中口译是指在对话或演讲过程中实时翻译，而笔译则是指将文本或语音转化为另一种语言的文字表达。

翻译教学法最早可以追溯到 20 世纪初。当时，由于语言障碍的存在，许多

文化交流活动都依赖于翻译。为了满足这一需求，一些教育机构开始开设翻译课程，旨在培养专业的翻译人才。随着语言教育的普及，翻译教学法逐渐被应用于各种语言课程中。如今，翻译教学法已经成为许多语言课程的重要组成部分。

翻译教学法遵循以下基本原则：①对比源语言和目标语言之间的词汇、语法和语用规则，找出相似之处和差异；②通过实践，提高学生的双语或多语转换能力；③培养学生的跨文化意识，提高学生的跨文化交际能力；④注重翻译技巧的训练，如直译、意译、音译等；⑤强调翻译的准确性和流畅性。

翻译教学法包含以下常见方法：①语法翻译法，通过对比分析源语言和目标语言的语法规则，帮助学生掌握两种语言的转换技巧；②情景翻译法，根据实际场景需求，进行模拟翻译练习，旨在提高学生在特定领域内的翻译能力；③术语翻译法，注重专业术语的翻译，帮助学生掌握特定领域内的专业词汇和术语；④比较翻译法，对比分析不同语言之间的翻译差异，帮助学生了解不同语言的文化背景和语言特点；⑤合作翻译法，学生分组合作进行翻译练习，旨在培养学生的团队合作精神和沟通能力。

随着科技的进步和教育手段的不断创新，翻译教学法也将迎来新的发展机遇。未来，翻译教学法将更加注重跨学科合作，涉及语言学、计算机科学、心理学等多个领域。同时，基于人工智能技术的机器翻译也将成为翻译教学法的重要辅助手段，使翻译教学法更加便捷、高效。此外，翻译教学法也将更加注重学生的主体性，鼓励学生主动参与翻译实践，发挥其主观能动性。

2. 实际应用

在我国，翻译教学法在外语教学中应用广泛，尤其是在高校英语专业和翻译专业的课程设置中，翻译课程占据很大比重。教学方法上，教师通常采用讲解翻译理论、分析翻译实例、布置翻译作业等形式进行教学。同时，各类翻译竞赛和实践活动也为学生提供了锻炼翻译能力的机会。然而，在实际教学过程中，翻译教学法也存在一些弊端。首先，传统的翻译教学法过分强调翻译技巧，忽视了对目标语言的整体理解和把握。其次，翻译教学法过于关注翻译活动，忽视了其他语言技能的培养，如听力、口语和写作等。再次，翻译教学法对于学生的语言水平和能力要求较高，可能使部分基础较弱的学生承受较大的学习压力。

教师需要不断提高自己的水平，通过教学过程让学生能够顺利进行口语交流。在这个过程中，教师需要准确无误地对知识进行总结归纳，并精准传递给学生。这个过程也能够帮助教师提高外语水平。课堂中，以翻译为主的教学法在训练学生口语的同时，不仅要及时纠正学生的语法问题，还要纠正学生的行文逻辑问题、生活常识问题等，并对学生说话的语气、表情、动作进行指导，因为这些客观的因素也影响语言的准确表达。此外，在翻译教学法的实践中，教师更多需

要寻找优秀的资源供学生使用,让学生能够更好地自主学习。

翻译教学法讲究的是共同发展。学生之间的差异是客观存在的,正是由于翻译教学法对学生个体的知识结构和认知能力的尊重,才发现了各种各样的问题。均衡解决每一位学生的问题也是不现实的,因此可以说"求同存异",尊重每一位个体差异,追求共同的进步才是翻译教学法的最终效果。

3. 翻译教学法的利弊

翻译教学法的优势主要有四个。①提高学生的翻译能力:翻译教学法通过大量的翻译练习,有助于学生掌握目标语言的语法、词汇和表达方式,从而提高学生的翻译能力。②培养学生的跨文化交际能力:翻译教学法涉及不同语言和文化之间的转换,可以让学生更好地了解和把握不同文化之间的差异,提高跨文化交际能力。③激发学生的学习兴趣:翻译教学法通过有趣的翻译活动,可以激发学生的学习兴趣,营造轻松愉快的学习氛围。④提高学生的自主学习能力:翻译教学法鼓励学生主动探索和解决问题,有助于培养学生的自主学习能力。

翻译教学法的弊端主要有四个。①过分强调翻译技巧:翻译教学法可能会过分强调翻译技巧,导致学生忽视了对目标语言的整体理解和把握,影响学生全面掌握目标语言。②局限性:翻译教学法可能局限于翻译活动,忽视了其他语言技能的培养,如听力、口语和写作等。③难度较大:翻译教学法对于学生的语言水平和能力要求较高,对于一些基础较弱的学生可能会造成较大的学习压力。④需要较多的时间和精力:翻译教学法需要学生投入较多的时间和精力进行翻译练习,可能会影响学生对其他学科的学习。

翻译教学法在外语教学中具有重要地位,对于提高学生的翻译能力和跨文化交际能力具有一定优势。然而,过分强调翻译技巧、局限性、难度较大等问题也困扰着教学实践。针对翻译教学法的利弊,可以从以下几个方面进行改进。

①整合多元化教学手段:在翻译教学中,教师可采用讲解、讨论、案例分析、实践等多种教学手段,提升教学效果。同时,充分利用现代教育技术,如网络、多媒体等,为学生提供丰富的学习资源和途径。

②注重学生的全面发展:翻译教学法不仅要关注学生的翻译能力,还要关注学生的其他语言技能,如听力、口语、写作等,全面提高学生的语言运用能力。

③因材施教:教师要根据学生的语言水平、兴趣和需求,分层次、分类别进行教学,使学生在适合自己的教学活动中提高翻译能力。

④加强实践环节:教师要鼓励学生参加翻译实践活动,如翻译实习、翻译竞赛等,提高学生在实际工作中的翻译能力。

第4节　音声学

1. 音声学概念解析

音声学（Acoustics）是研究声音产生、传播、接收和处理的学科，是物理学的一个分支，涉及声波、声场、声学器件和系统等方面的研究。音声学在很多领域都有广泛的应用，如通信、音乐、语音识别、建筑、医学等。音声学的主要内容包括声波、声场、声学器件和声学系统：声波是由物体振动产生的，能够在弹性介质（如空气、水等）中传播；声场是指声波在空间中的分布情况，对它的研究有助于我们了解声音在空间中的传播特性；声学器件包括麦克风、扬声器、耳机等，它们用于声音的采集、放大和重放；声学系统则是指由多个声学器件组成的整体，如音响系统、语音识别系统等。

声音是由物体振动产生的，人类的听觉系统能够接收和处理这些声音。对声音的生成和感知的研究有助于我们了解声音如何产生，以及人类如何感知声音。语音识别是指计算机通过对声音信号进行分析，识别出其中的语言内容。语音处理则是指对声音信号进行各种处理，如降噪、语音增强等，以提高语音通信的质量。音声学在不同领域的应用推动了音声学技术的发展，也促进了音声学研究的不断深入。总之，音声学是一门涉及声音产生、传播、接收和处理的学科，具有广泛的应用和研究价值。

2. 日语音声学

日语音声学是研究日语语言中的声音、发音规则和声学特征的学科。作为语言学的一个分支，日语音声学涉及语音的生成、传递、接收和感知等方面的研究。

日语音声学的研究可以追溯到20世纪初，但真正意义上的系统性研究始于20世纪50年代。随着语言学、声学和计算机科学的发展，日语音声学逐渐形成了自己独特的学科体系。目前，日语音声学已经成为语言学的一个重要分支，为日语的学习、教学、翻译和语音识别等方面提供了重要的理论支持和实践指导。日语音声学的研究对象是日语的发音规则和声学特征。在日语音系中，元音和辅音是基本的音素，而音节是语音的基本单位。日语音节具有短促、清脆的特点，这使得日语听起来轻快、清晰。此外，日语的发音规则也是日语音声学研究的重点，例如拗音、促音、无声调等。日语音声学的研究领域广泛，涉及音乐、语音识别和电子音乐等方面。例如，在音乐领域，日语音声学可以帮助研究者了解日本传统音乐的音律和音高；在语音识别领域，日语音声学可以帮助计算机准确识别和理解日语语音；在电子音乐领域，日语音声学可以用于合成和控制日本

传统音乐的音色和音效。

日语音声学在实际生活和工作中有广泛的应用价值。首先，在日语教学方面，日语音声学可以帮助学习者掌握正确的日语发音，提高听说能力；其次，在翻译领域，日语音声学可以帮助译者更准确地翻译日语语音；最后，在电影、广告和音乐演唱等方面，日语音声学可以用于调整声音的质量和效果，提高作品的艺术表现力和感染力。未来，日语音声学还有许多值得深入研究的领域，例如日语语音合成、方言研究、跨文化交际中的日语发音等。

3. 日语音声实验

日语音声实验通过实验方法来研究和分析日语语音的特点、发音规律以及学习者语音习得过程。在日语音声实验中，可以运用多种技术和方法，如实验语音学、声学分析、多媒体技术等，以客观、科学的方式探究日语语音教学的有效性。主要方法有四个。①实验语音学：通过观察学习者的发音，以客观的方式对日语语音进行分析。实验语音学可以通过元音舌位图、发音口形图等手段对日语元音的发音方法及其与汉语元音的差异进行直观、详细的说明。同时，也可以采用声学分析法对学习成效进行客观、科学的评价。②声学分析：通过对日语语音的声学参数进行分析，如音高、音强、音长等，以了解日语语音的特点和规律。通过声学分析，可以揭示学习者在发音过程中存在的问题，从而有针对性地进行教学。③多媒体技术应用：将多媒体技术引入日语语音教学，通过慕课视频、声学可视化设备等，帮助学生更好地理解和掌握日语的声调规则、语调规律以及音素、节拍等方面的基础知识。同时，多媒体技术还可以提供丰富的练习方法和学习资源，提高学生的学习兴趣和效果。④促音的产出与感知：通过实验研究中国日语学习者在促音的发音过程中的产出和感知情况，揭示其发音特点和问题。这有助于教师更好地了解学生的发音难点，从而进行针对性的教学。

总之，日语音声实验是通过多种方法和技术来研究和改进日语语音教学的有效途径。这些实验方法有助于提高学习者的发音水平，培养其自然流畅的日语语音表现能力，从而提高整体的日语学习效果。

第 5 节　音声与外语教学

1. 音声在外语教学中的应用

在过去的研究中，许多学者已经探讨了音声在外语教学中的应用。这些研究主要集中在以下几个方面：音声与外语学习动机、音声与外语发音、音声与外语口语表达能力、音声与外语听力理解能力、音声与外语阅读理解能力、音声与外语写作能力等。然而，现有的研究存在一些局限性和需要解决的问题。首先，很

多研究只关注音声在某一方面的应用，如音声与外语口语表达能力，而没有全面探讨音声在其他方面的应用。其次，部分研究仅从理论层面探讨了音声的作用，缺乏实证研究的支持。最后，在研究方法上，有些研究设计不够严谨，导致结论的可信度不高。

有学者采用文献研究和实证研究相结合的方法，以某高校英语专业学生为研究对象，通过实验教学和问卷调查等方法，探讨音声在外语教学中的实际影响，并进行了数据收集和分析，借助 SPSS 软件，进行描述性统计和相关性分析。最后实验结果显示，经过音声训练的学生在外语听、说、读、写四个方面的成绩均有显著提高。此外，问卷调查的结果也显示，学生对音声在外语教学中的应用给予了积极评价，认为这种方法能够提升他们的学习兴趣，增强语音感知和语言表达的能力。

音声在外语教学中有重要的实践价值和良好的发展前景。音声的应用方法包括使用语音识别软件、听说结合、情景模拟和互动交流等。这些方法不仅能提高学生的外语听、说、读、写能力，还能增强他们的学习兴趣和动机。

2. 外语教学中的音声问题

外语教学中的音声问题主要包含三个方面：音声的识别和发音、音声的学习和练习、音声的纠正和提高。

（1）音声的识别和发音

在外语教学中，音声的识别和发音是至关重要的。学生需要能够正确地识别单词和句子中的音素，并正确地发音。这需要学生具备良好的听力和发音技巧。为了帮助学生识别音素，教师可以采用一些教学技巧。例如，使用语音学教材，让学生听并模仿正确的发音；使用音频和视频材料，让学生听到正确的发音，并鼓励他们模仿；组织语音课程和活动，帮助学生练习和提升他们的发音技巧。

（2）音声的学习和练习

学习外语时，学生需要学习新的音声并练习和巩固这些音声。为此，教师可以采用一些教学方法来帮助学生学习和练习音声。教师可以利用语音学教材和音频材料，向学生介绍新的音声，并提供清晰的发音示例。教师还可以组织语音练习活动，例如语音游戏和绕口令，帮助学生练习新的音声。此外，教师可以鼓励学生在课堂上练习新的音声，并给予他们及时的反馈和指导。

（3）音声的纠正和提高

发音错误是许多外语学习者面临的一个常见问题。因此，教师需要为学生提供纠正和提高音声的方法和技巧。教师可以使用语音分析软件，分析学生的发

音，并确定他们需要改进的方面。教师还可以组织语音课程，专门纠正学生的发音错误，并提供个性化的反馈和指导。此外，教师可以鼓励学生进行语音练习，互相纠正发音错误，并分享练习经验。

总之，音声的识别和发音、学习和练习、纠正和提高是外语教学中不可忽视的重要问题。教师可以利用各种教学技巧，如语音学教材、音频和视频材料、语音游戏等，帮助学生识别和发音音素，学习和练习音声，并纠正和提高音声。通过这些措施，学生可以有效理解并实践发音技巧，进而提升外语学习的效果。

3. 音声与外语教学的交互作用

音声与外语教学的交互作用主要表现在三个方面：音声对外语教学的影响、外语教学对音声的影响以及音声与外语教学的相互作用。

（1）音声对外语教学的影响

音声是语言的物质载体，对于外语教学有着重要的影响。首先，音声的准确与否直接影响学生对语言的理解和表达。如果学生的发音不准确，可能会导致理解和表达的困难，甚至产生误解。其次，音声的优美与否也会影响学生的学习兴趣和学习效果。优美的音声能够增强学生学习语言的兴趣，提高学习效果，而不准确的音声则可能使学生失去学习的信心。

（2）外语教学对音声的影响

外语教学过程中的语音教学可以有效地帮助学生提高音声。首先，语音教学可以帮助学生了解外语的音声系统，掌握外语的音素及其发音方法，从而提高学生发音的准确性。其次，语音教学还可以通过模仿、对比、纠错等方法，帮助学生改进发音，提高音声的质量。

音声与外语教学之间存在密切的相互作用。一方面，音声是外语教学的重要内容，是学生必须掌握的基本技能。另一方面，外语教学也是提高学生音声的重要手段，通过外语教学，学生可以更好地理解和掌握外语的音声，从而提高音声的质量。总之，音声与外语教学之间存在着密切的交互作用。音声在外语教学中居于重要地位，同时，外语教学也对音声有重要影响。因此，外语教学必须重视音声，通过有效的教学方法和手段，帮助学生练习音声，从而提升外语学习的效果。

第 2 章

实　验

第 1 节　实验简介

1. 实验背景

笔者在中国学习了多年日语，刚学日语的时候接受了日汉互译教学法，从发音开始学习，和日本人交流时采用的是对译中文法，受限于汉语语法思维模式，无法很好地交流，发音也不自然，而且中文的语法意识很强。这种中国式的日语日本人也不太能理解。笔者感觉去日本留学之后日语口语水平明显提高了。其他日语学习者也有同样的体验。这里有一个可以考虑的原因是学习环境不同。在日本，和日本人接触的机会变多，每天听日语也能优化日语的发音。不仅如此，笔者认为学习方法也很重要。以某个问题为契机，开始考虑是否应该采取直接教学法，采取直接法是否能取得好的效果。在采用翻译教学法的学习环境中，多以中文为中心。采用这种方法在读写方面具有很强的优势，却不能同时掌握听说的能力。所以，本实验针对直接教学法和翻译教学法进行分析，试图从中探寻合适的方法，综合两者之利弊，结合学习者自身的特点，找到最合适的方法。在本实验中，我们观察并记录了以中国人为对象的日语教学现场，通过实证研究传统的以语法为中心的翻译教学法和直接教学法在教育效果上的差异，希望将来能以某种形式为日语教学提供可借鉴的思路，为日语教育提供可持续发展路径。

2. 实验方法

本实验主要记录和观察在中国的日语教育情况，特别调查语音学习效果的差异。一组采用传统的翻译教学法授课，另一组采用直接教学法授课，对两个结果进行声学分析，通过扩大语音范围，在语音中证实重音。实验组还特意拍了学习视频，分析学习者发音的变化，收集学习者的语音数据。实验组选择 10 人作为

调查对象进行测试。也就是说，在年龄、学历、性别全部相同的条件下，从众多学习者中选出 10 人，日语水平仅限刚开始学习日语的初级学习者。实验组采用了"参与观察"的方法来收集这次实验的声音数据。另外，录像记录 6 人，其中，直接教学法 3 人，翻译教学法 3 人。在分析时，将该记录资料全部使用音响分析软件进行定量化。目的是以调查结果为基础，分析造成熟练程度不同的主要原因，从而选择最合适有效的日语教学法。

本实验共收集 600 个视频样本，用音频采集设备将获得的语音样本转换为数字化信号进行分析和处理。实验对采集到的语音信号进行预处理、声学特征提取和模式识别等。预处理包括去除噪声、调整音量等操作，声学特征提取包括提取音节、韵律等特征，模式识别包括训练模型和测试模型等操作。实验结果分析了不同发音人、不同单词的发音规律和语音特点，并对其进行了分类和识别。本实验通过实验设计和数据采集、实验过程和结果分析等步骤，深入了解了日语的发音规律、语音特点和音韵结构等。

第 2 节　实验过程

1.「アルバイト」

以下所示的音响分析结果是着眼于基本波数的结果，最前面的两位数表示受试者编号。01、03、05 为接受直接教学法的受试者，02、04、06 为接受翻译教学法的受试者。接下来的两位数表示尝试次数。因此，数据编号 0101 表示由受试者 01 进行的第 1 次调音，数据编号 0102 表示由受试者 01 进行的第 2 次调音，而 0103 表示由受试者 03 进行的第 3 次调音。

（1）受试者 01

图 2-1 的上段描绘原波形，中段描绘声谱图（以下简称为 SPG），下段描绘基本波数。

注意该图，在第 1 次的发声（左侧）中，第一音节［ア］和第二音节［ル］较高，从第二音节［ル］到第三音节［バイ］[①]，可以看到向最后一个音节［ト］的下降趋势，呈/H-H-ML-L/（H、M、L 分别表示音调高、中、低）的音调模式，这是用日语中不正确的音调调音的情况。

---

① 在本书中，为了从语音学的角度进行分析，分节的单位不是依据音韵学的方法而是语音学的。因此［バイ］被视为一个音节的双元音。

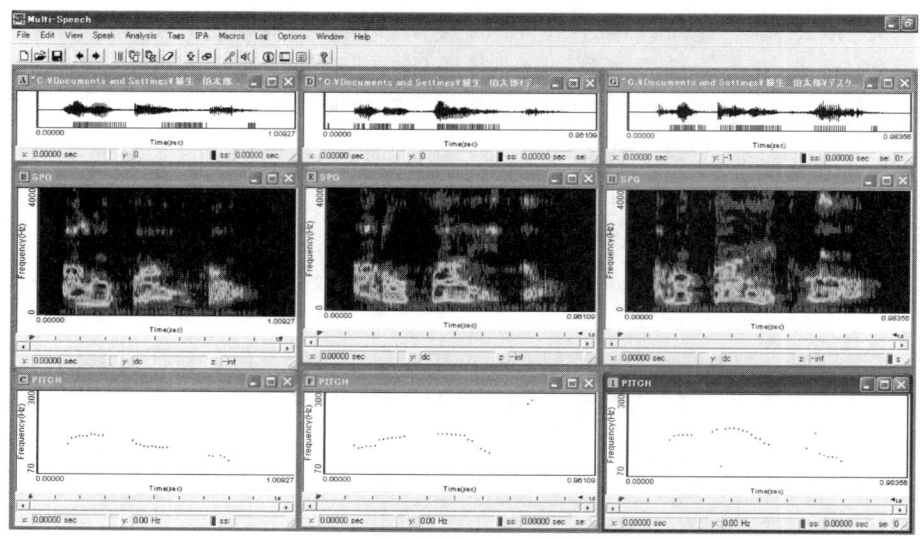

图 2-1 「アルバイト」01

如果将各个音节的基本波数数值化,则如表 2-1 所示(单位:Hz)。

表 2-1 第 1 次发声的基本波数

ア	ル	バイ	ト
176	183	165-146	123

但是,第 2 次的发声(图 2-1 正中)和第 3 次的发声(图 2-1 右侧)显示出第一音节从中等程度开始,第二、第三变高,从[バイ]的中途开始下降,在[ト]变为最低的趋势,特别是第 3 次的发声呈/M-H-HM-L/模式,明确地掌握了自然、正确的日语语调。

如果将各个音节的基本波数数值化,则如表 2-2、2-3 所示(单位:Hz)。

表 2-2 第 2 次发声的基本波数

ア	ル	バイ	ト
147	179	187-144	140

表 2-3 第 3 次发声的基本波数

ア	ル	バイ	ト
174	197	208-167	126

从中段的波形来看,在第 1 次发声中,[ラ]行音[ル]的发音接近中文[lu],最后音节[ト]音化,作为日语的分节音都不自然,但在第 2 次和第 3 次发声中全部得到了改善,接近自然的日语。

(2) 受试者 02

图 2-2 所示的是受试者 02 的 3 次「アルバイト」发声。注意该图，显示出在第一次发声（左侧）中，第一音节 [ア] 和第二音节的 [ル] 的高度大致相同，从第三音节 [バイ] 向最后音节 [ト] 下降，呈/M-M-HM-L/模式，作为日语，可以看出用不正确的音调调音的情况。

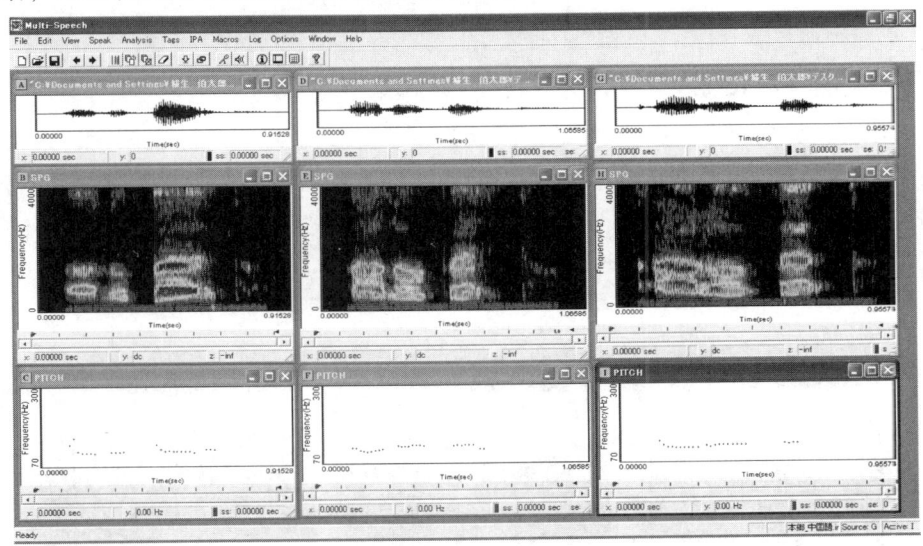

图 2-2 「アルバイト」02

如果将各个音节的基本波数数值化，则如表 2-4 所示（单位：Hz）。

表 2-4 第 1 次发声的基本波数

ア	ル	バイ	ト
110	112	133–115	97

接下来，第 2 次的发声（图 2-2 正中）虽然显示了第一音节从中等程度开始，第二、第三变高，从 [バイ] 的中途开始下降，在 [ト] 变为最低的趋势（/M-H-HM-L/型），但因为最后一个音节 [ト] 无变化了，所以音调没有出现。如果将各个音节的基本波数数值化，则如表 2-5 所示（单位：Hz）。

表 2-5 第 2 次发声的基本波数

ア	ル	バイ	ト
106	121	125	—

最后，第 3 次的发声（图 2-2 右侧）与第 2 次同样，显示了第一音节从中等程度开始，第二、第三音节变高，从 [バイ] 的中途开始下降，在 [ト] 中最低的趋势（/M-H-HM-L/型），果然是因为最后一个音节 [ト] 无变化了，所

以音调没有出现。而且，在分节音的水平上，[バイ]接近[ベー]等不正确发声也很明显。如果将各个音节的基本波数数值化，则如表2-6所示（单位：Hz）。

表2-6 第3次发声的基本波数

ア	ル	バイ	ト
112	121	123	—

（3）受试者03

图2-3所示的是受试者03的3次「アルバイト」发声。注意该图，第1次发声（左侧）显示出第一音节[ア]和第二音节的[ル]的高度大致相同，从第三音节[バイ]向最后音节[ト]下降的/M-M-M-L/的音调模式，作为日语，可以看出用不自然的音调调音的情况。

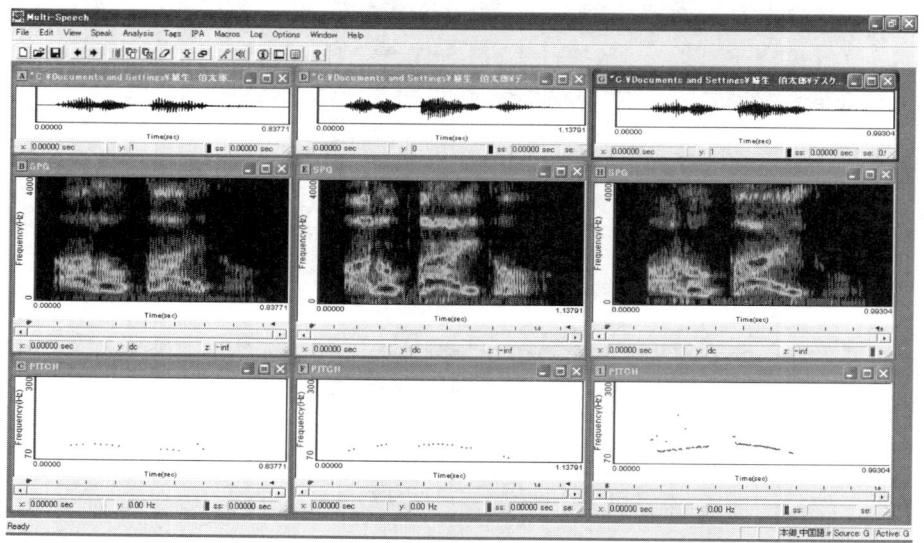

图2-3 「アルバイト」03

如果将各个音节的基本波数数值化，则如表2-7所示（单位：Hz）。

表2-7 第1次发声的基本波数

ア	ル	バイ	ト
112	114	107-94	87

但是，第2次的发声（图2-3正中）和第3次的发声（图2-3右侧）显示了第一音节从中等程度开始，第二、第三变高，从[バイ]的中途开始下降，在[ト]变得最低的/M-H-HM-L/音调模式，明确地掌握了自然、正确的日语语调。如果将各个音节的基本波数数值化，则如表2-8、2-9所示（单位：Hz）。

第 2 章 实　验　　19

表 2-8　第 2 次发声的基本波数

ア	ル	バイ	ト
104	114	132-110	82

表 2-9　第 3 次发声的基本波数

ア	ル	バイ	ト
112	121	132-104	80

（4）受试者 04

图 2-4 所示的是受试者 04 的 3 次「アルバイト」发声。

注意该图，第 1 次发声（左侧）显示了第一音节［ア］和第二音节［ル］的高度大致相同，从第三音节［バイ］向最后音节［ト］下降的/M-M-HM-L/的音调模式，作为日语，可以看出用不自然的音调调音的情况。

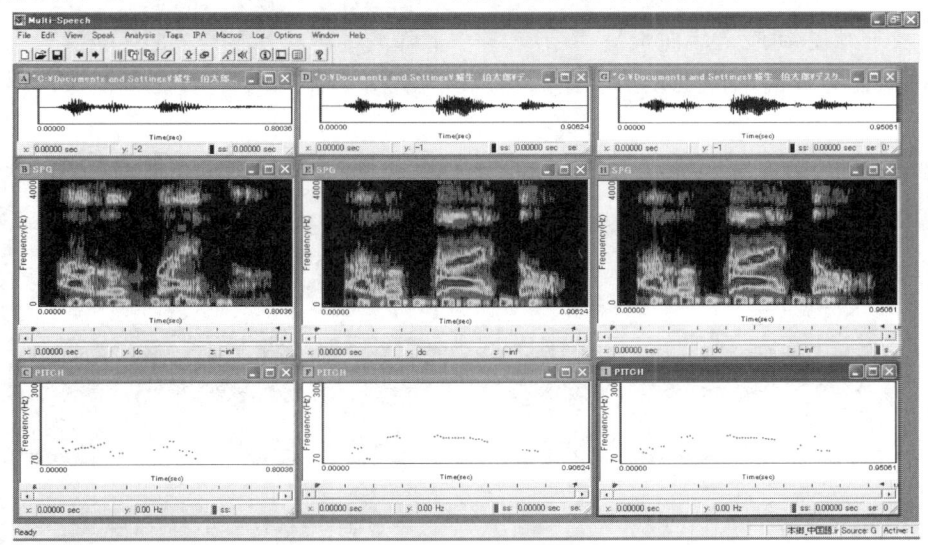

图 2-4　「アルバイト」04

如果将各个音节的基本波数数值化，则如表 2-10 所示（单位：Hz）。

表 2-10　第 1 次发声的基本波数

ア	ル	バイ	ト
115	108	218-121	95

接着，第 2 次的发声（图 2-4 正中）和第 3 次的发声（图 2-4 右侧）显示第一音节从中等程度开始，第二、第三音节变高，从［バイ］的中途开始下降，在［ト］变得最低的/M-H-HM-L/型音调模式，从中可以看出受试者掌握了正确的日语语调。但是，在分节音的水平上，将最后一个音节「ト」误读为

「ド」，直到最后都没有得到改善。如果将各个音节的基本波数数值化，则如表2-11、2-12所示（单位：Hz）。

表 2-11　第 2 次发声的基本波数

ア	ル	バイ	ト
100	135	152-134	109

表 2-12　第 3 次发声的基本波数

ア	ル	バイ	ト
100	135	145-138	103

（5）受试者 05

图 2-5 所示的是受试者 05 的 3 次「アルバイト」发声。注意该图，第 1 次的发声（左侧）显示了第二音节［ル］比第一音节［ア］略高，在第三音节［バイ］中达到最高后向最终音节［ト］下降的/M-M-HM-L/的音调模式，可以确认作为日语来说是几乎自然的音调。但是，分节音水平的调音错误，不是「アルバイト」而是「アルバット」。

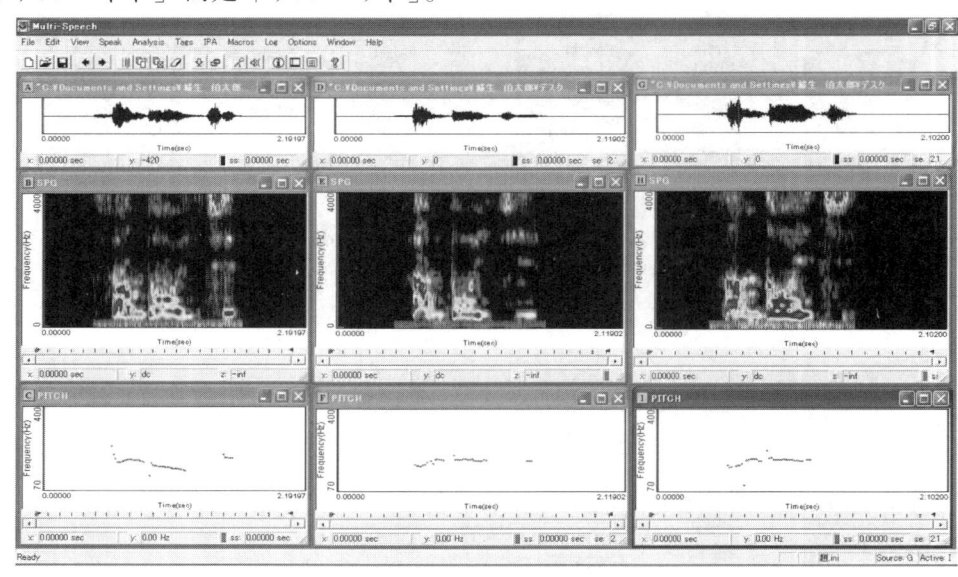

图 2-5　「アルバイト」05

如果将各个音节的基本波数数值化，则如表 2-13 所示（单位：Hz）。

表 2-13　第 1 次发声的基本波数

ア	ル	バイ	ト
175	195	207-103	118

接着，第 2 次的发声（图 2-5 正中）和第 3 次的发声（图 2-5 右侧）显示第一音节从低开始，第二、第三变高，从［バイ］的中途开始下降，在［ト］变为最低的/L-M-HM-L/型音调模式，可以看出受试者掌握了自然正确的日语语调。另外，在分节音的水平上，也改正了将最后一个音节「ト」说成「ド」的错误。如果将各个音节的基本波数数值化，则如表 2-14、2-15 那样（单位：Hz）。

表 2-14　第 2 次发声的基本波数

ア	ル	バイ	ト
163	203	218-195	146

表 2-15　第 3 次发声的基本波数

ア	ル	バイ	ト
176	179	210-185	172

（6）受试者 06

图 2-6 所示的是受试者 06 的 3 次「アルバイト」发声。注意该图，第 1 次的发声（左侧）显示了第二音节［ル］比第一音节［ア］稍高，在第三音节［バイ］中达到最高后向最终音节［ト］下降的/M-M-HM-L/的音调模式，可以确认作为日语来说是几乎自然的音调。但是，在［バイ］的部分，有像英语一样加重，不是自然的日语语调。

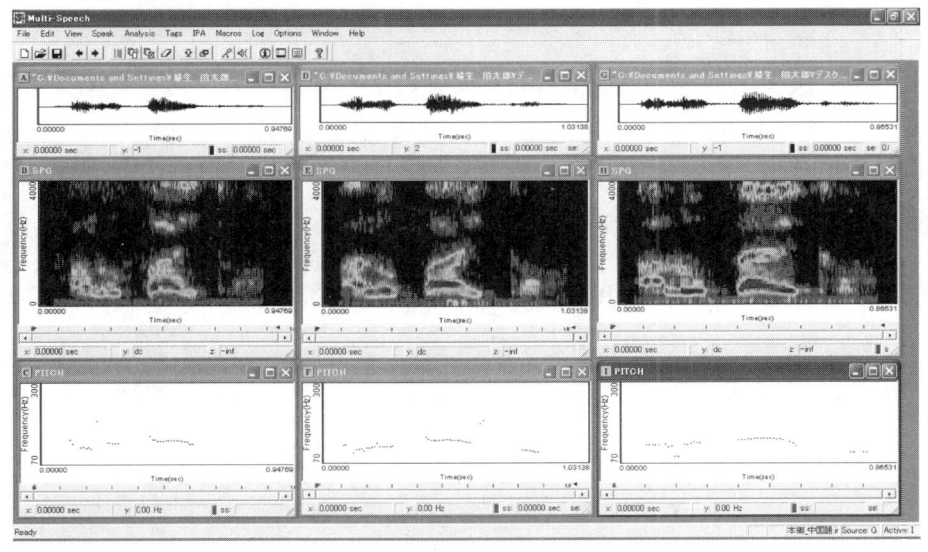

图 2-6　「アルバイト」06

如果将各个音节的基本波数数值化,则如表 2-16 所示(单位:Hz)。

表 2-16　第 1 次发声的基本波数

ア	ル	バイ	ト
140	146	181-153	113

接着,第 2 次的发声(图 2-6 正中)和第 3 次的发声(图 2-6 右侧)显示第一音节从低开始,第二、第三变高,从［バイ］的中途开始下降,在［ト］变为最低的/L-M-HM-L/型音调模式,可以看出受试者掌握了基本正确的日语语调。但是,在第 3 次的发声中,在分节音的水平上,出现了把［バイ］错说成［ベイ］的情况。如果将各个音节的基本波数数值化,则如表 2-17、2-18 所示(单位:Hz)。

表 2-17　第 2 次发声的基本波数

ア	ル	バイ	ト
125	134	165-138	111

表 2-18　第 3 次发声的基本波数

ア	ル	バイ	ト
121	128	173-132	103

2.「クリスマス」

(1) 受试者 01

请注意图 2-7,在第 1 次发声(左侧)中,第一音节［ク］和第二音节［リ］几乎是紧挨着的,像英语的 christ 的发音那样,在［ク］和［リ］之间听不到元音。因此,高度也只能在［リ］的部分确认。另外,只有这部分的发音是类似英语的重音。但是,由于从第三音节［ス］开始,后面的语音调音很好,所以从第四音节［マ］到第五音节［ス］,可以清楚地确认下降。但是,整体上可以看出是用/H-M-M-L/这样不正确的日语音调来调音的。

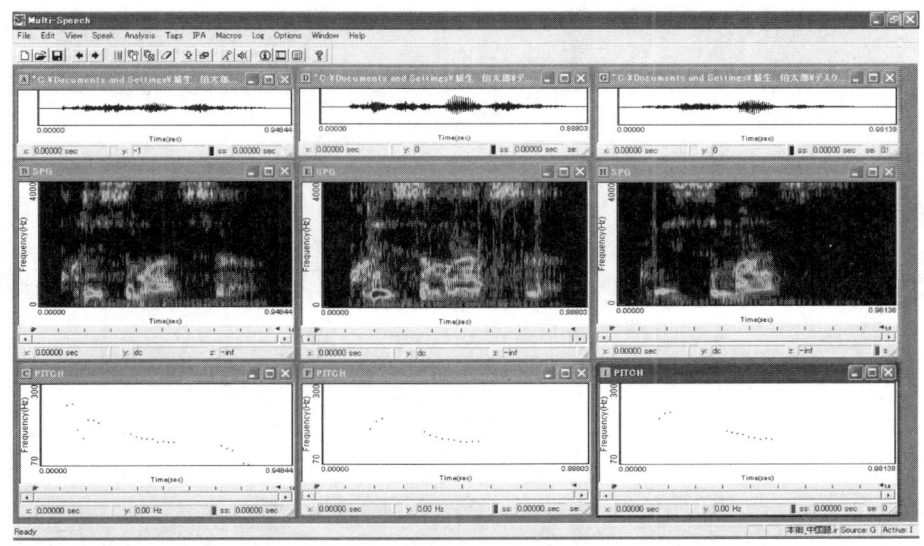

图 2-7 「クリスマス」01

如果将各个音节的基本波数数值化,则如表 2-19 所示(单位:Hz)。

表 2-19　第 1 次发声的基本波数

ク	リ	ス	マ	ス
—	200	156	145	127

接着,在第 2 次的发声(图 2-7 正中)和第 3 次的发声(图 2-7 右侧)中,由于第一音节[ク]和第二音节[リ]稍微分开调音,所以两音节都能听到音调。另外,由于第三音节[ス]和第四音节[マ]调音很好,所以能听到音调,第五音节[ス]只有第 3 次的发声是无声的。但是,整体上可以看出是用/L-M-H-M-L/这种正确的日语音调调音的。

另外,关于无声化,日本母语者的发音在没有重音的词尾位置与无声邻接的条件下,一般也有无声化的倾向,所以可以说该受试者的第 3 次发声在某种意义上听起来是相当自然流畅的。如果将各个音节的基本波数数值化,则如表 2-20、2-21 所示(单位:Hz)。

表 2-20　第 2 次发声的基本波数

ク	リ	ス	マ	ス
188	200	142	139	135

表 2-21　第 3 次发声的基本波数

ク	リ	ス	マ	ス
114	200	182	143	127

（2）受试者02

如图2-8所示，在第1次发声（左侧）中，由于第一音节［ク］和第二音节［リ］稍微分开调音，所以两音节都能听到音调。但是，因为［リ］比［ク］长得多，所以听起来很不自然。第三音节［ス］和第四音节［マ］也由于调音稍长，使用了下降音调，很不自然。在第2次的发声中，虽然音调的模式很相似，但是分节音逐字读出来的调音非常不自然。最后一个音节［ス］在第1次到第3次的所有发声中都是无声的。另外，整体呈现出的/L-L-M-H-M/的音调模式，作为日语来说是相当不自然的语调。

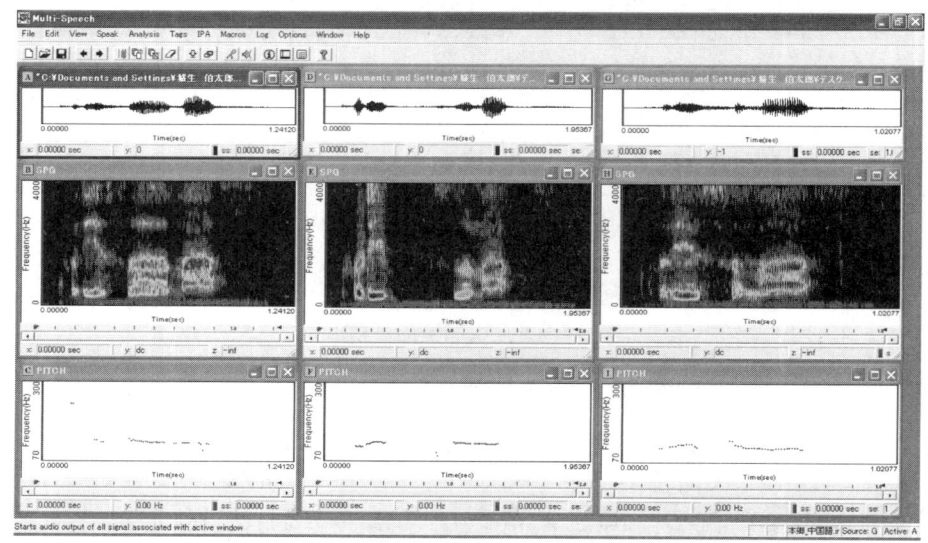

图2-8 「クリスマス」02

如果将各个音节的基本波数数值化，则如表2-22、2-23、2-24所示。

表2-22 第1次发声的基本波数

ク	リ	ス	マ	ス
130	132	125	125	—

表2-23 第2次发声的基本波数

ク	リ	ス	マ	ス
123	134	115	113	—

表2-24 第3次发声的基本波数

ク	リ	ス	マ	ス
114	200	125	127	—

(3) 受试者03

请注意图2-9，在第一次发声（左侧）中，从第一音节［ク］到最后一个音节［ス］全部都是漏读的。另外，音调也是/M-H-M-H-L/，非常不自然。从第2次开始变成了流畅的音调，更正了漏读。但是，将重音放在倒数第二个音节上的错误直到最后都没有得到改正。

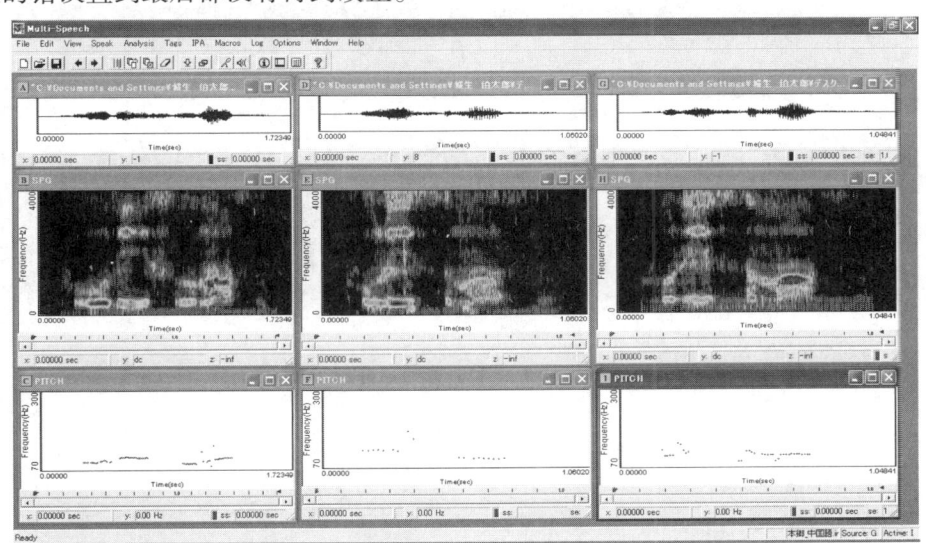

图2-9 「クリスマス」03

如果将各个音节的基本波数数值化，则如表2-25、2-26、2-27所示（单位：Hz）。

表2-25 第1次发声的基本波数

ク	リ	ス	マ	ス
95	110	106	120	81

表2-26 第2次发声的基本波数

ク	リ	ス	マ	ス
120	124	99	97	85

表2-27 第3次发声的基本波数

ク	リ	ス	マ	ス
114	155	118	108	89

(4) 受试者04

图2-10所示的是受试者04的3次语音数据。在第1次的发声（左侧）

中，从第四音节［マ］到第五音节［ス］可以看到显著的长音化。另外，第三音节和第五音节［ス］都无声化，整体上呈现/L-M-HL/的音调模式，非常不自然。在第2次的发声（正中）中，重音的类型与第1次相同，从［マ］到［ス］虽然稍微变短了，但还是可以看出显著的长音化。在第3次的发声（右侧）中，［ス］的无声化和从［マ］到［ス］的显著长音化得到了改善，但是语调变得平淡了。

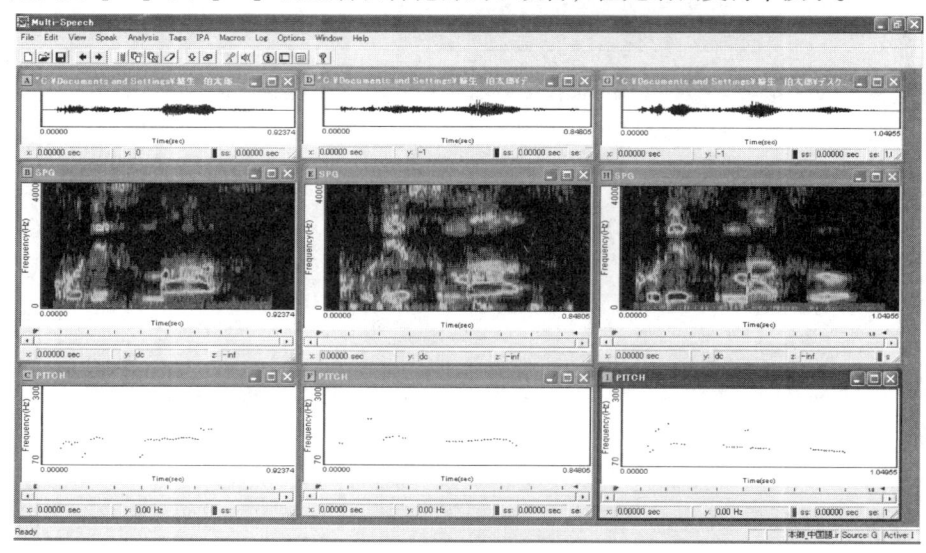

图 2-10 「クリスマス」04

如果将各个音节的基本波数数值化，则如表 2-28、2-29、2-30 所示（单位：Hz）。

表 2-28 第 1 次发声的基本波数

ク	リ	ス	マ	ス
106	152	—	153	—

表 2-29 第 2 次发声的基本波数

ク	リ	ス	マ	ス
116	164	—	148	—

表 2-30 第 3 次发声的基本波数

ク	リ	ス	マ	ス
115	141	131	127	121

（5）受试者 05

图 2-11 所示的是受试者 05 的 3 次语音数据。在第 1 次的发声（左侧）中，从第一音节［ク］到第四音节［マ］都有漏读。但是，只有最后一个音节

［ス］是无声的。因此，音调也是/M-H-M-HL/（ku-ri-su-mas），非常不自然。

在第 2 次的发声（图 2-11 正中）中，虽然漏读稍微得到了改善，但音调还是很大程度地集中在了［クリス］和［マース］中。因此，重音的模式变成了/LM-HL/，产生了类似英语的应激化。

在第 3 次的发声（图 2-11 右侧）中，漏读完全消失，［ス］的无声化也只有最后一个音节出现。而且，在这个词尾位置日语母语者一般也会进行无声化，所以听起来相当流畅自然。音调模式也变成了/M-H-H-HM/，与自然日语的/M-H-H-M-L/模式相当接近。

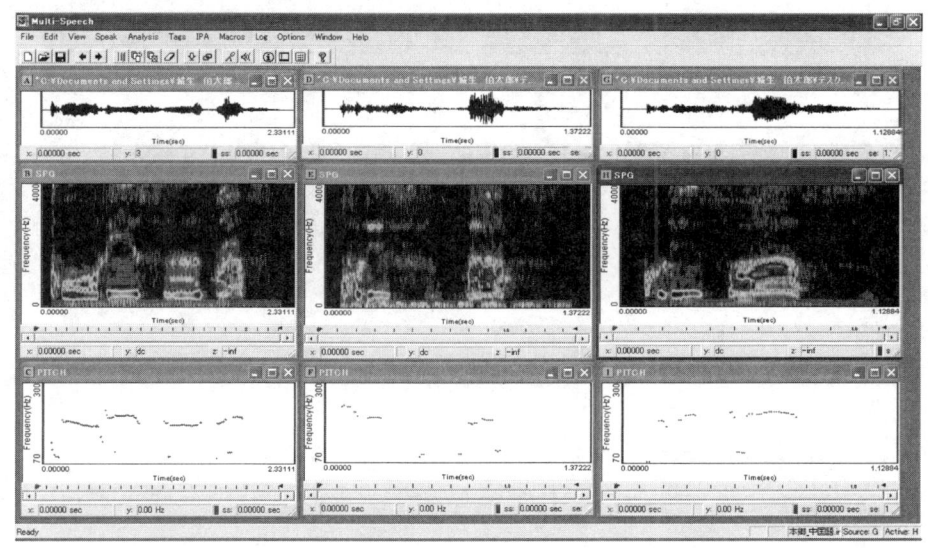

图 2-11 「クリスマス」05

如果将以上所述的各个音节的基本波数数值化，则如表 2-31、2-32、2-33 所示（单位：Hz）。

表 2-31 第 1 次发声的基本波数

ク	リ	ス	マ	ス
176	185	176	196	—

表 2-32 第 2 次发声的基本波数

ク	リ	ス	マ	ス
—	132	—	157	—

表 2-33 第 3 次发声的基本波数

ク	リ	ス	マ	ス
185	208	216	217	—

28 音声学视角下的日语教学法

（6）受试者06

图 2-12 所示的是受试者 06 的 3 次语音数据。在第 1 次的发声（左侧）中，从第四音节［マ］到最终音节［ス］可以看到显著的长音化。另外，第三音节和最终音节［ス］都无声化，整体上呈现/L-M-M/的模式，非常不自然。

在第 2 次的发声（图 2-12 中）和第 3 次的发声（图 2-12 右侧）中，重音的模式基本上没有大的变化。而且，在第 3 次中，在分节音水平上也发现了［クリズマス］的错误。

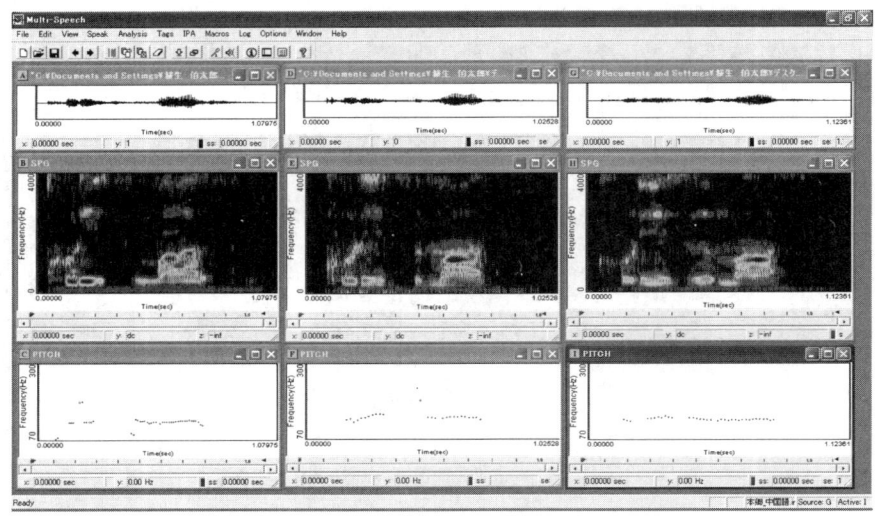

图 2-12　「クリスマス」06

如果将以上所述的各个音节的基本波数数值化，则如表 2-34、2-35、2-36 所示（单位：Hz）。

表 2-34　第 1 次发声的基本波数

ク	リ	ス	マ	ス
123	126	—	126	—

表 2-35　第 2 次发声的基本波数

ク	リ	ス	マ	ス
133	144	134	140	—

表 2-36　第 3 次发声的基本波数

ク	リ	ス	マ	ス
129	138	132	130	—

3.「サンドイッチ」

（1）受试者 01

图 2-13 所示的是受试者 01 的 3 次语音数据。在第 1 次的发声（左侧）中，第一音节［サン］从高开始下降，第二音节［ド］为中等程度，第三音节［イッ］进一步下降，最终音节［チ］无声化，因此音调模式大致为/H-M-L/。这是相当不自然的日语音调。

在第 2 次的发声（中）和第 3 次的发声（右侧）中，虽然最终音节的无声化没有变化，但音调模式到了第 3 次变成了/MH-H-HM-L/，接近自然的日语音调。

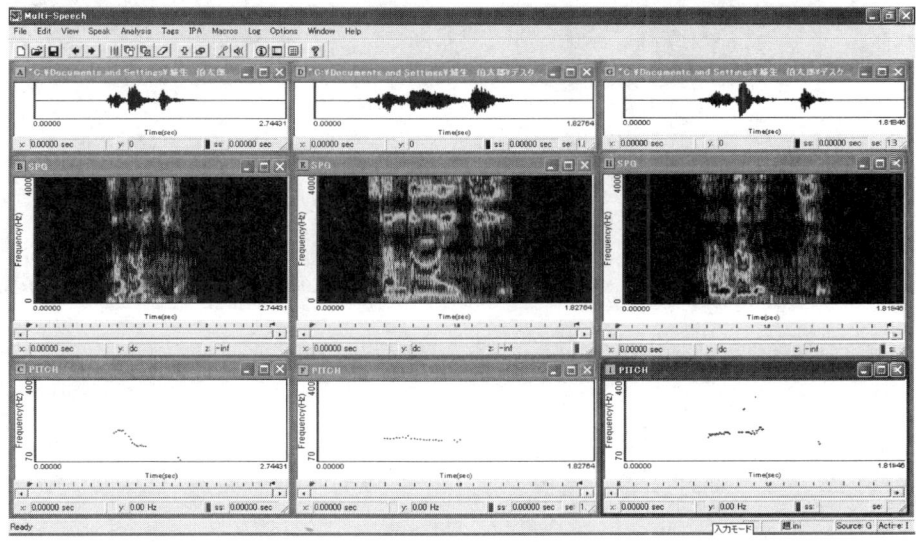

图 2-13 「サンドイッチ」01

如果将以上所述的各个音节的基本波数数值化，则如表 2-37、2-38、2-39 所示（单位：Hz）。

表 2-37 第 1 次发声的基本波数

サン	ド	イッ	チ
193	160	134	—

表 2-38 第 2 次发声的基本波数

サン	ド	イッ	チ
164	170	160	—

表 2-39　第 3 次发声的基本波数

サン	ド	イッ	チ
181	183	188	—

（2）受试者 02

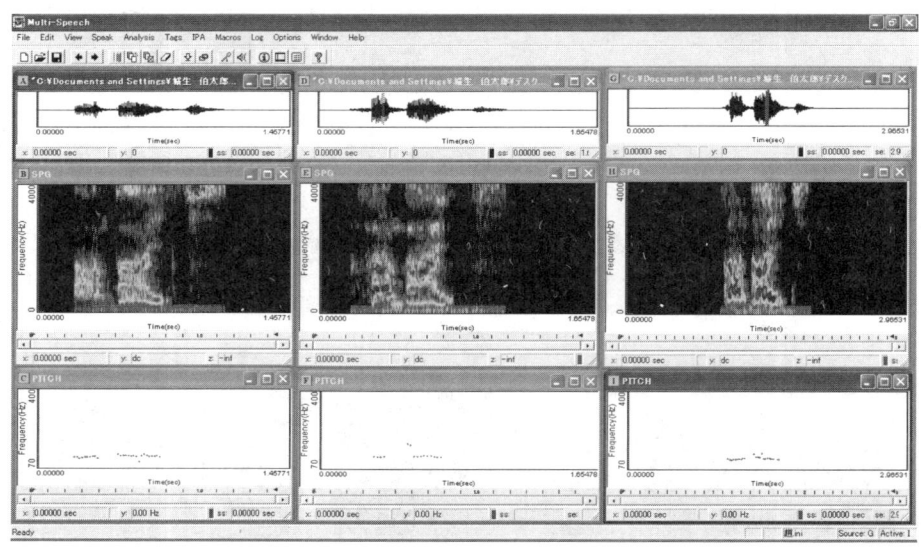

图 2-14　「サンドイッチ」02

图 2-14 所示的是受试者 02 的 3 次语音数据。在第 1 次的发声（左侧）中，从第一音节［サン］到最终音节［イッ］，为大致平淡的音调。另外，由于最终音节［チ］被无声化，所以音调模式大致为/M-M-M/，是相当不自然的日语重音。

第 2 次的发声（中）和第 3 次的发声（右侧）的基本音调模式也与第 1 次相同。另外，最终音节［チ］的无声化也是同样的。因此，可以说这是与自然流畅的日语相差甚远的发音。

如果将以上所述的各个音节的基本波数数值化，则如表 2-40、2-41、2-42 所示（单位：Hz）。

表 2-40　第 1 次发声的基本波数

サン	ド	イッ	チ
120	125	123	—

表 2-41　第 2 次发声的基本波数

サン	ド	イッ	チ
124	125	128	—

表 2-42　第 3 次发声的基本波数

サン	ド	イッ	チ
113	115	122	—

（3）受试者03

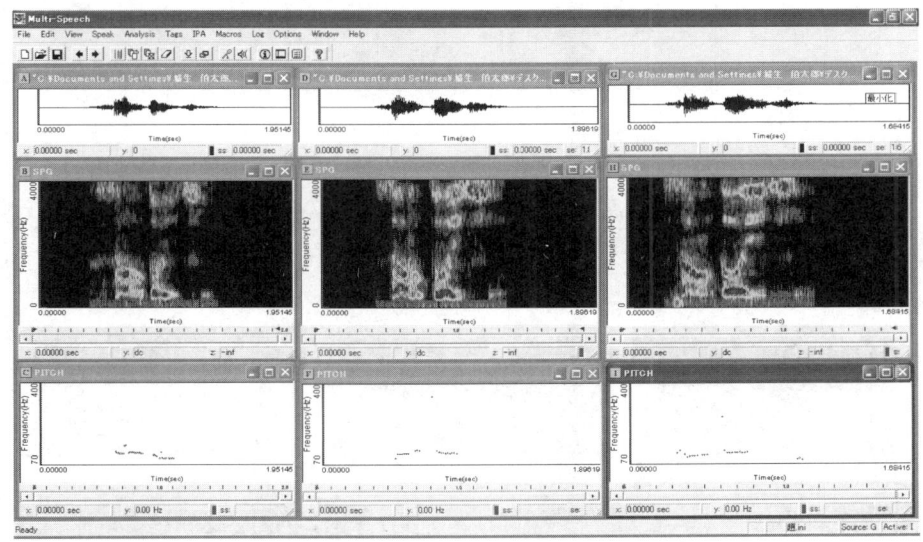

图 2-15　「サンドイッチ」03

图 2-15 所示的是受试者 03 的 3 次语音数据。在第 1 次的发声（左侧）中，从第一音节［サン］到第二音节［ド］有所下降，到最后一个音节［イッチ］持续变低。另外，由于最终音节［チ］没有无声化，所以音调模式大致为/HM-M-M-L/，与标准的日语音调/MH-H-H-L/有相当大的差距。

第 2 次的发声（中）和第 3 次的发声（右侧）的基本音调模式也与第 1 次相同，但只有第 3 次发生了最终音节［チ］的半无声化。因此，使用的器材不能充分地检测出差别。

如果将以上所述的各个音节的基本波数数值化，则如表 2-43、2-44、2-45 所示（单位：Hz）。

表 2-43　第 1 次发声的基本波数

サン	ド	イッ	チ
116	120	105	92

表 2-44　第 2 次发声的基本波数

サン	ド	イッ	チ
119	131	161	111

表 2-45　第 3 次发声的基本波数

サン	ド	イッ	チ
123	120	159	—

（4）受试者 04

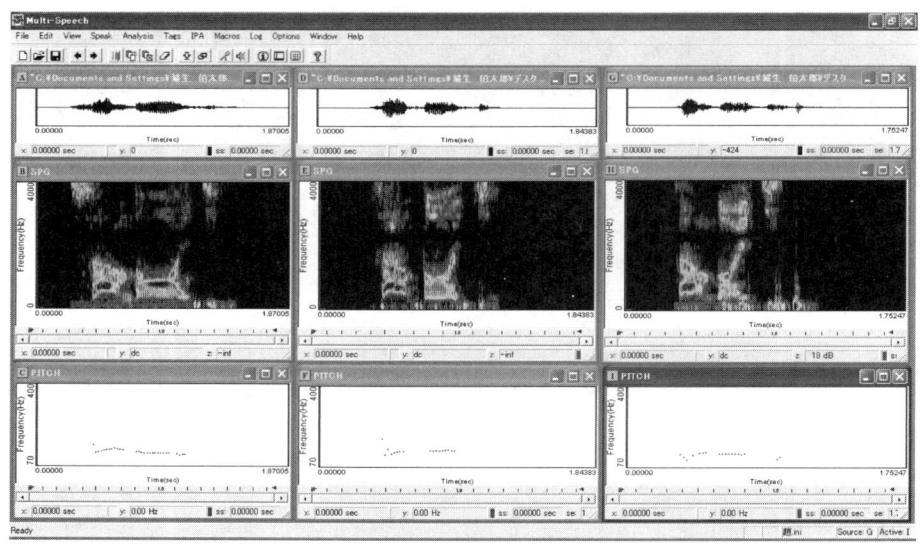

图 2-16　「サンドイッチ」04

图 2-16 所示的是受试者 04 的 3 次语音数据。在第 1 次的发声（左侧）中，从第一音节［サン］到第二音节［ド］缓慢上升，之后［イッ］以下降音调继续。

由于最后一个音节［チ］是无声的，所以没有音调。因此，大致的模式为/MH-H-HL/，与标准的日语语音/MH-H-H-L/有相当大的差异。此外，在第二音节［ド］中的长母音化也进一步增加了不自然的程度。第 2 次的发声（中）和第 3 次的发声（右侧）的基本音调模式也与第 1 次没有大的变化，但在分节音的水平上，第二音节［ド］的延长稍微被消除而成为短元音［ド］。由于第 3 次发声中的最后一个音节［チ］发生了声带振动，所以音调稍有上升。

如果将上述各个音节的基本波数数值化,则如表 2-46、2-47、2-48 所示(单位：Hz)。

表 2-46　第 1 次发声的基本波数

サン	ド	イッ	チ
135	139	148	—

表 2-47　第 2 次发声的基本波数

サン	ド	イッ	チ
127	137	148	—

表 2-48　第 3 次发声的基本波数

サン	ド	イッ	チ
112	127	130	127

（5）受试者 05

图 2-17 所示的是受试者 05 的 3 次语音数据。在第 1 次的发声（左侧）中,从第一音节［サン］到第二音节［ド］缓慢上升,之后在［イチ］的前半部分缓慢下降,然后在后半部分突然上升而结束。因此,大致的音调模式为/MH-H-M-H/,与标准的日语语音/MH-H-H-L/有相当大的差异。另外,在第二音节的［ド］中看到的长母音化和将本应促音化的［イッチ］读为［イチ］,也进一步增加了不自然的程度。

第 2 次发声（中）的基本音调模式与第 1 次有很大不同,整体接近平调,其音调模式为/MH-H-H-H/。果然,如果把分节音水平上的第二音节［ド］的长元音和本应促音化的［イッチ］作为［イチ］这一点合起来,就会大大偏离自然流畅的日语音调。

最后,第 3 次的发声（右侧）显示了从第一音节［サン］到第二音节缓慢上升,在［ド］达到最高后在［イッチ］缓慢下降而结束的音调。这才是标准日语中的理想音调模式,综合分节音级中的第二音节的短元音［ド］和被很好地促音化的［イッチ］的调音等,可以说实现了极其自然流畅的日语音调。

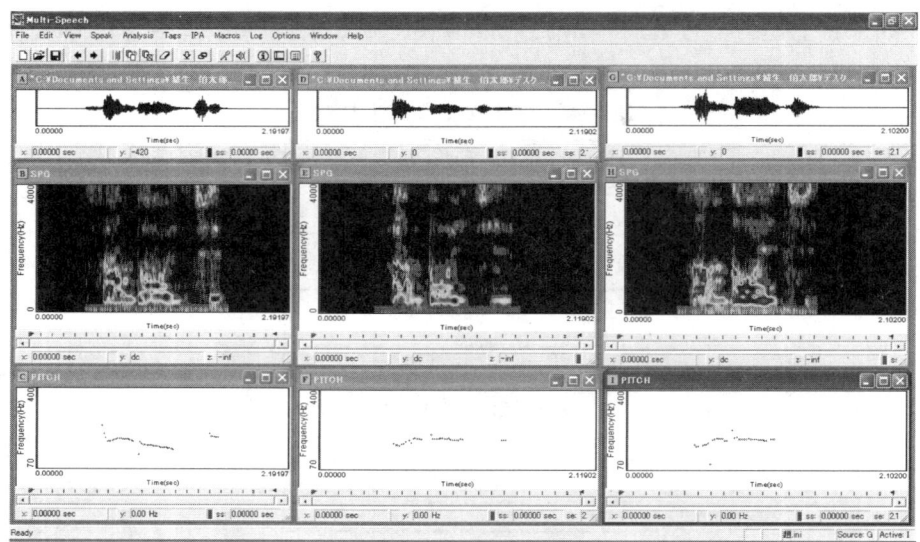

图 2-17 「サンドイッチ」05

如果将上述各个音节的基本波数数值化,则如表 2-49、2-50、2-51 所示(单位:Hz)。

表 2-49 第 1 次发声的基本波数

サン	ド	イッ	チ
185	195	167	202

表 2-50 第 2 次发声的基本波数

サン	ド	イッ	チ
173	193	201	196

表 2-51 第 3 次发声的基本波数

サン	ド	イッ	チ
174	178	208	97

(6) 受试者 06

图 2-18 所示的是受试者 06 的 3 次语音数据。在第 1 次发声(左侧)中,整体接近平调,音调模式为/M-M-M-M/。而且,将分节音的水平上的第二音节长元音[ド]和本应促音化的[イッチ]作为[イチ]这一点合起来,大大偏离自然流畅的日语音调。最后一个音节[チ]由于声带振动不充分被半无声化,在本实验使用的音响分析软件中,其音调不能清晰地表现出来。

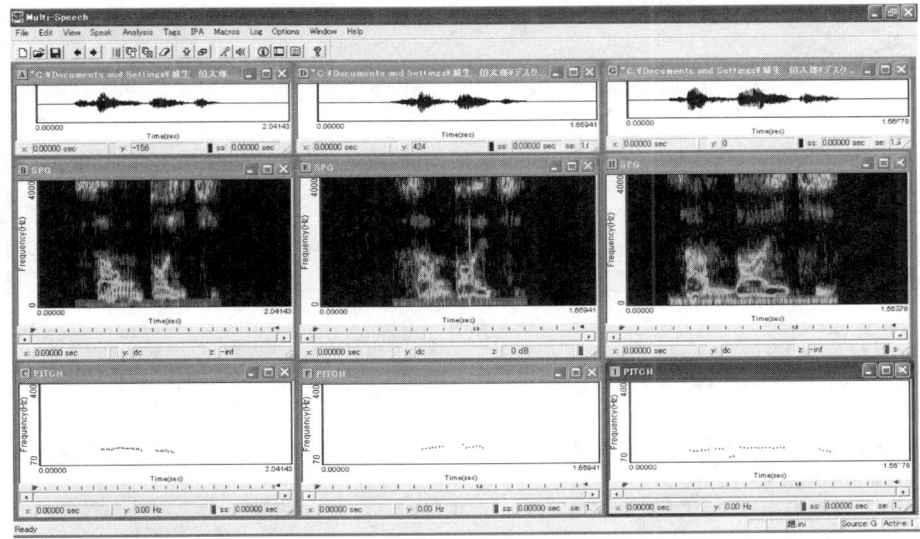

图 2-18　「サンドイッチ」06

　　第 2 次的发声（中）和第 3 次的发声（右侧）的基本音调模式也与第 1 次没有大的变化。在分节音的水平上，第二音节的长元音［ド］、将本应促音化的［イッチ］作为［イチ］以及在最终音节［チ］中声带振动不充分等都没有得到改善。

　　如果将以上所述的各个音节的基本波数数值化，则如表 2-52、2-53、2-54 所示（单位：Hz）。

表 2-52　第 1 次发声的基本波数

サン	ド	イッ	チ
134	140	128	—

表 2-53　第 2 次发声的基本波数

サン	ド	イッ	チ
134	140	143	—

表 2-54　第 3 次发声的基本波数

サン	ド	イッ	チ
118	123	130	—

4.「ショック」

（1）受试者01

图 2-19 所示的是受试者 01 的 3 次语音数据。在第 1 次发声（左侧）中，第一音节［ショ］为高平调，第二音节［ク］从高音调开始下降，因此音调模式大致为/H-HL/。第二音节［ク］长音化，加上没有节拍感，是相当不自然的音调。

在第 2 次的发声（中）中，基本的音调模式和［ク］的长音化也没有变化，但是在第 3 次的发声（右侧）中，由于第二音节［ク］的长音化得到了相当大的改善，所以整体的音调模式为/H-L/，非常接近自然的日语音调。

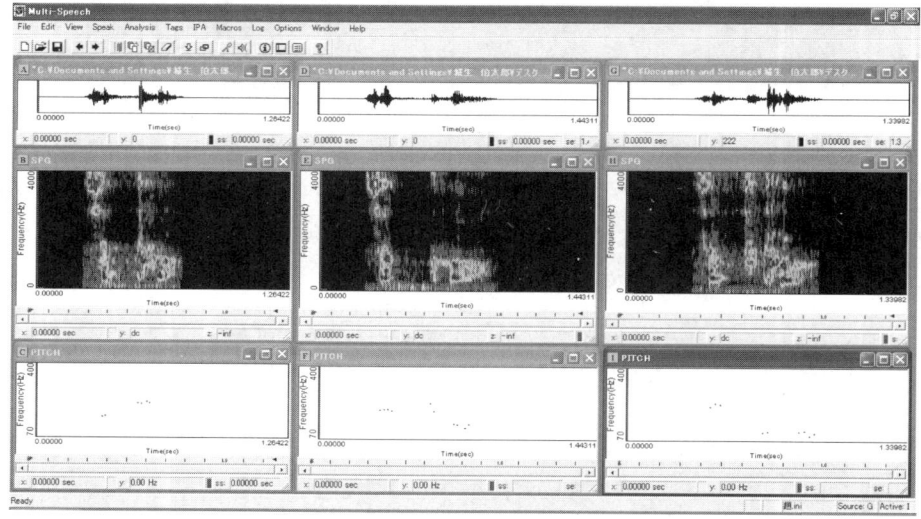

图 2-19　「ショック」01

如果将以上所述的各个音节的基本波数数值化，则如表 2-55、2-56、2-57 所示（单位：Hz）。

表 2-55　第 1 次发声的基本波数

ショ	ッ	ク
168	119	—

表 2-56　第 2 次发声的基本波数

ショ	ッ	ク
209	142	—

表 2-57　第 3 次发声的基本波数

ショ	ッ	ク
163	114	—

（2）受试者 02

图 2-20 所示的是受试者 02 的 3 次语音数据。在第 1 次发声（左侧）中，第一音节［ショ］像英语一样高而强，分节音也比［オ］更接近［ア］。第二个音节［ク］也像英语一样弱而低。因此，音调模式大致为/H-L/，在听觉印象中与其说是日语，不如说更接近英语。

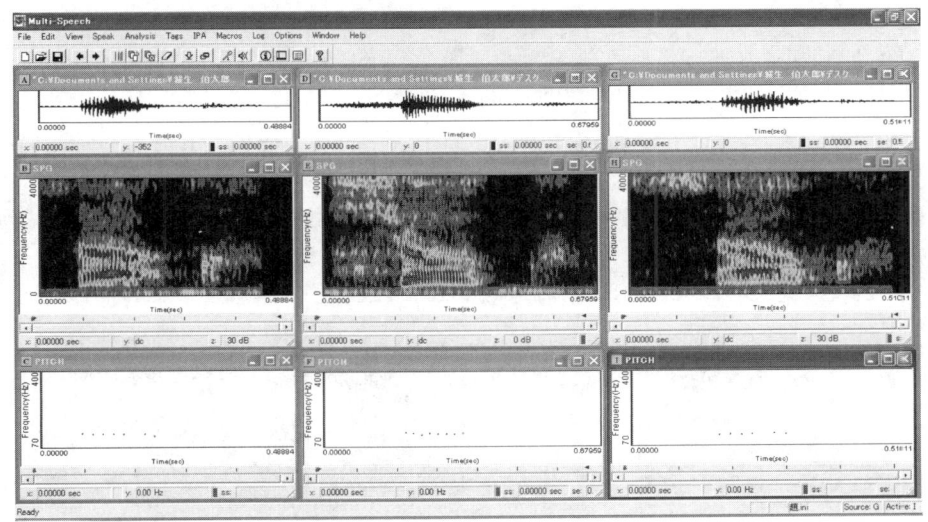

图 2-20　「ショック」02

第 2 次的发声（中）和第 3 次的发声（右侧）都接近平调，所以基本的音调模式为/M-M/，虽然掌握了促音，但最终音节都是无声的。因此，可以说 3 次发声全部都是与自然流畅的日语相差甚远的音调。

如果将以上所述的各个音节的基本波数数值化，则如表 2-58、2-59、2-60 所示（单位：Hz）。

表 2-58　第 1 次发声的基本波数

ショ	ッ	ク
130	—	114

表 2-59　第 2 次发声的基本波数

ショ	ッ	ク
132	—	127

表 2-60　第 3 次发声的基本波数

ショ	ッ	ク
121	—	126

（3）受试者 03

图 2-21 所示的是受试者 03 的 3 次语音数据。在第 1 次的发声（左侧）中，第一音节［ショ］长音化，而且像英语那样［シ］的部分很强。音调也像汉语的第四声一样由高到低。第二音节［ク］虽然没有无声化，音调很低，但是完全没有把握促音的感觉。因此，音调模式大致为/HL-L/，在听觉印象中是相当不自然的日语。

第 2 次的发声（中），基本的音调以及促音的感觉等与第 1 次相比也没有大的变化。但是，在分节音的水平上，长音化变短了一些。在第 3 次的发声（右侧）中，［ショ］变短了，而且也抓住了促音的感觉，所以除了最后一个音节变成了像英语的二重母音一样的［クゥ］这一点，其余的接近自然的日语。

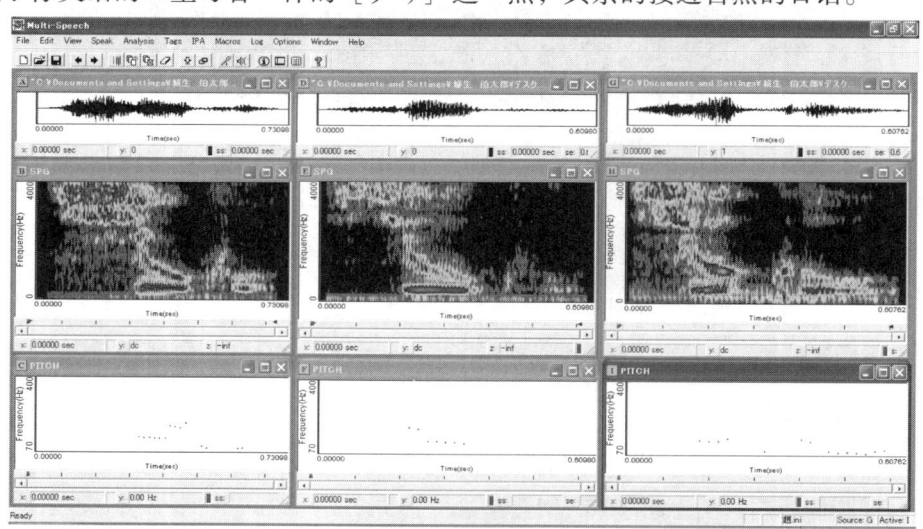

图 2-21　「ショック」03

如果将以上所述的各个音节的基本波数数值化，则如表 2-61、2-62、2-63 所示（单位：Hz）。

表 2-61　第 1 次发声的基本波数

ショ	ッ	ク
165	—	100

第 2 章 实 验 | 39

表 2-62 第 2 次发声的基本波数

ショ	ッ	ク
165	—	123

表 2-63 第 3 次发声的基本波数

ショ	ッ	ク
183	—	135

（4）受试者 04

图 2-22 所示的是受试者 04 的 3 次语音数据。在第 1 次的发声（左侧）中，第一音节［ショ］被调音为［シュ］，在分节音级中观察到较大的错误。音调也保持着中间的平板，一直延续到第二音节［ク］。最后一个音节［ク］虽然没有无声化，而且调音很好，但是完全没有掌握促音的感觉。因此，音调模式大致为/LM-M/，在听觉印象中是相当不自然的日语。

第 2 次的发声（中）也和第 1 次一样，将第一音节［ショ］误读为［シュ］，也没有促音的感觉。而且，由于将最后一个音节无声化，所以无法测量［ク］部分的音调。

在第 3 次的发声（右侧）中，［ショ］变短了，而且也抓住了促音的感觉，但遗憾的是最后的音节变成了长音。因此，从整体的听觉印象来看有点不自然。

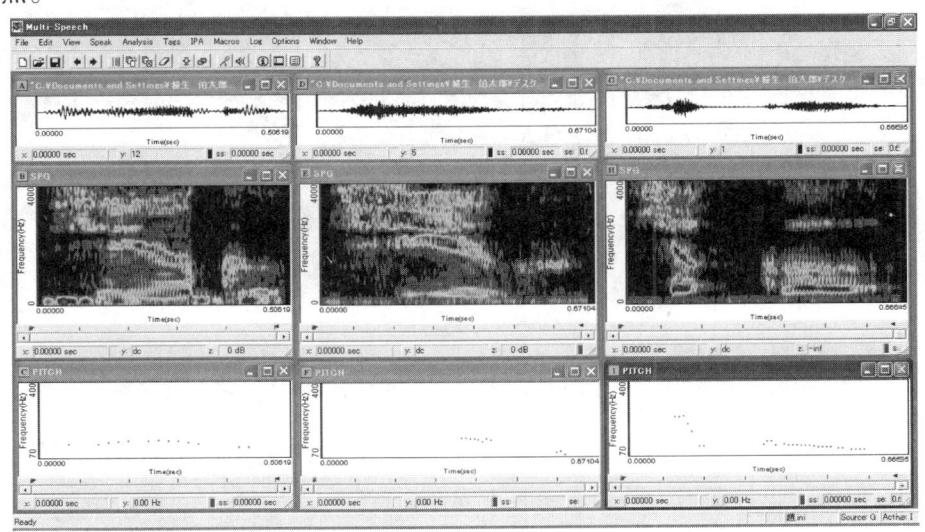

图 2-22 「ショック」04

如果将以上所述的各个音节的基本波数数值化，则如表 2-64、2-65、2-66 所示（单位：Hz）。

表 2-64　第 1 次发声的基本波数

シュー	ク
122	124

表 2-65　第 2 次发声的基本波数

シュー	ク
151	—

表 2-66　第 3 次发声的基本波数

シュー	ク
155	113

（5）受试者 05

图 2-23 所示的是受试者 05 的 3 次语音数据。在第 1 次的发声（左侧）中，由于第一音节［ショ］用只有辅音的「シ」调音，所以完全没有音调。但是，由于第二音节［ク］较长，再加上下降的音调，所以仅就重音来说，与标准的日语音调相近。然而整体的听觉印象是［シックー］，所以作为日语来说相当不自然。

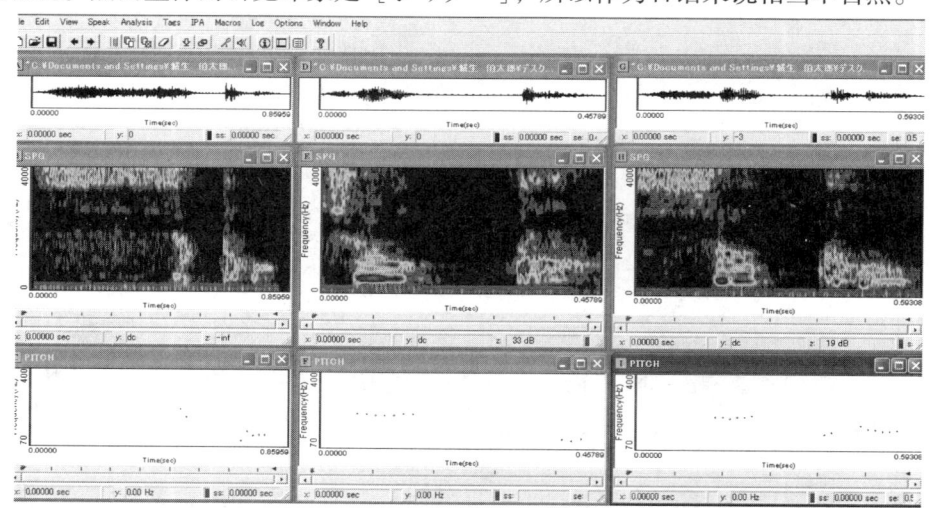

图 2-23　「ショック」05

在第 2 次的发声（中）中，与第 1 次大不相同，延长了第一音节辅音［シ］。但是，也许是因为调音太强，本为摩擦音的［シ］变成了破擦音［チョ］。另外，虽然很好地掌握了促音的感觉，但由于将最后一个音节无声化，所以无法测量［ク］部分的音调。

在第 3 次的发声（右侧）中，除了第 2 次不正确的摩擦音被正确调音，重音也很好地实现了头高型。而且，由于掌握了促音的感觉，最后一个音节［ク］

也没有无声化,所以在整体的听觉印象中是极其自然的日语音调。

如果将以上所述的各个音节的基本波数数值化,则如表 2-67、2-68、2-69 所示(单位:Hz)。

表 2-67　第 1 次发声的基本波数

シー	ク
—	118

表 2-68　第 2 次发声的基本波数

チョッ	ク
225	—

表 2-69　第 3 次发声的基本波数

チョッ	ク
213	151

(6) 受试者 06

图 2-24 所示的是受试者 06 的 3 次语音数据。在第 1 次的发声(左侧)中,不仅第一音节长音化而成为 [ショー],而且第二音节 [ク] 无声化而完全没有音调。另外,由于没有掌握促音的感觉,而且整体接近平调,所以作为日语来说相当不自然。

第 2 次的发声(中)与第 1 次几乎相同,除了第一音节的长音化、第二音节 [ク] 的无声化、无促音感、音调的平板化等问题,还新增加了将 [ショ] 误读为 [シヨ] 的问题。

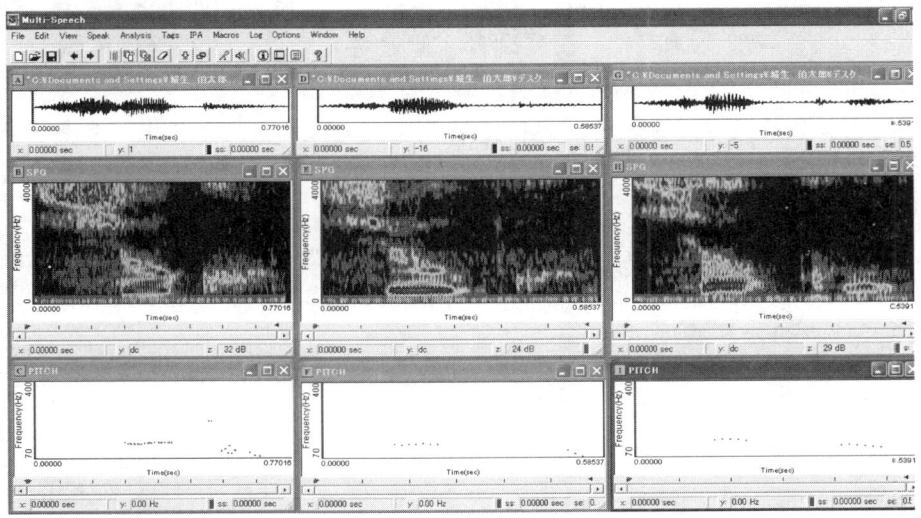

图 2-24　「ショック」06

在第 3 次的发声（右侧）中，虽然改善了第 2 次不正确的第一音节长音化、将［ショ］误认为［シヨ］、第二音节［ク］的无声化、音调的平板化等各种问题，但仍然遗留着促音感缺乏的问题。因此，在整体的听觉印象中还是不自然的日语音调。

如果将以上所述的各个音节的基本波数数值化，则如表 2-70、2-71、2-72 所示（单位：Hz）。

表 2-70　第 1 次发声的基本波数

ショー	ク
135	—

表 2-71　第 2 次发声的基本波数

シヨ	ク
131	—

表 2-72　第 3 次发声的基本波数

ショッ	ク
144	98

5.「バス」

（1）受试者 01

图 2-25 所示的是由受试者 01 得到的 3 次语音数据。在第 1 次的发声（左侧）中，从第一音节［バ］到第二音节［ス］缓慢下降，但听起来接近于平调。词尾的［ス］一般会无声化，而受试者在此处对元音进行了很仔细的调音，有相当不协调的感觉。但是，词头的有声破裂音被很好地调音。

在第 2 次的发声（中）中，基本的音调模式与第 1 次没有变化，但由于第二音节［ス］无声化，所以接近于自然的日语音调。但是，总的来说辅音的调音很强这一点不太自然。

第 3 次发声（右侧）的基本音调模式也与第 1 次和第 2 次没有变化，但由于第二音节［ス］被调音为半有声，结果较第 2 次稍差。但是，由于其半有声，第 2 次辅音的强度有所减少。

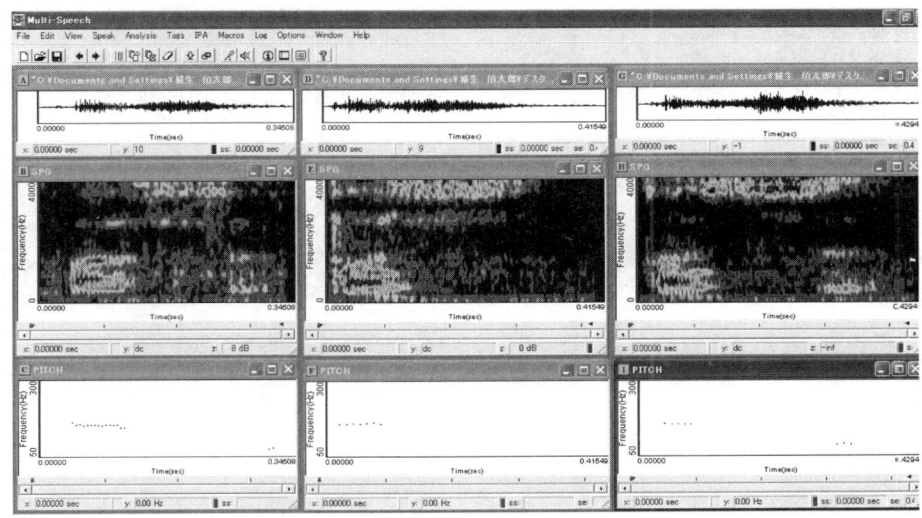

图 2-25 「バス」01

如果将以上所述的各个音节的基本波数数值化,则如表 2-73、2-74、2-75 所示(单位:Hz)。

表 2-73　第 1 次发声的基本波数

バ	ス
168	163

表 2-74　第 2 次发声的基本波数

バ	ス
161	—

表 2-75　第 3 次发声的基本波数

バ	ス
157	130

(2) 受试者 02

图 2-26 所示的是受试者 02 的 3 次语音数据。从第 1 次的发声(左侧)到第 3 次的发声,音调模式全部为/H-L/。另外,对于汉语母语者来说很难的词头有声破裂音［b］调音很好,这一点值得肯定。

但是,第一音节的［バ］被长音化的同时,音调像汉语的第四声那样从高向低下降,这一现象到最后都没有得到改善。因此,从整体上来说是不自然的日语音调。

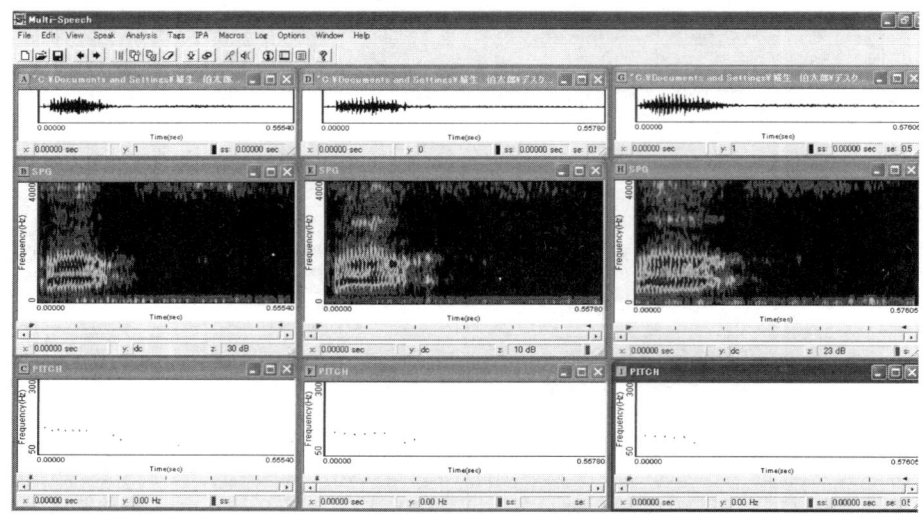

图 2-26 「バス」02

如果将以上所述的各个音节的基本波数数值化,则如表 2-76、2-77、2-78 所示(单位:Hz)。

表 2-76 第 1 次发声的基本波数

バ	ス
134	—

表 2-77 第 2 次发声的基本波数

バ	ス
127	—

表 2-78 第 3 次发声的基本波数

バ	ス
114	—

(3) 受试者 03

图 2-27 所示的是受试者 03 的 3 次语音数据。从第 1 次的发声(左侧)到第 3 次的发声(右侧),音调模式全部为/H-L/。另外,对于汉语母语者来说很难的词头有声破裂音[b]被调音得很好,这一点值得肯定。而且,词尾无声化整体上听起来很接近自然的日语。

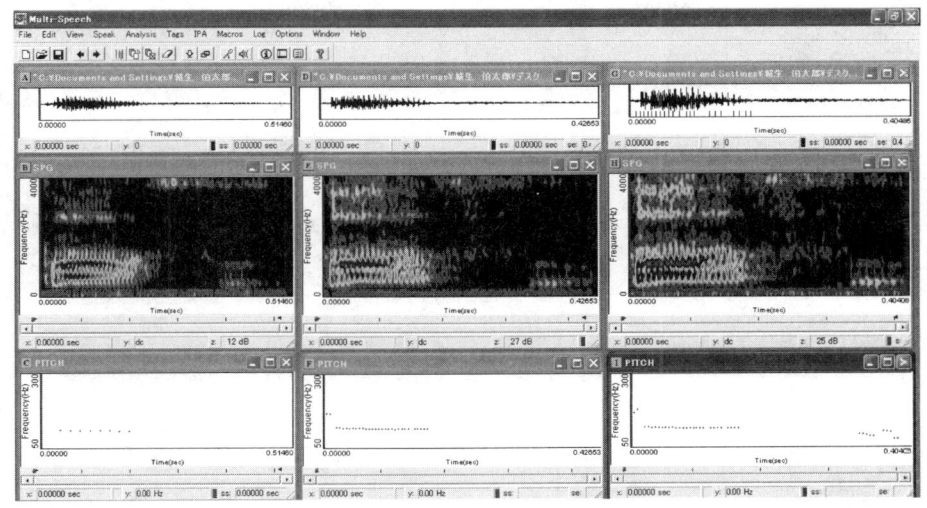

图 2-27 「バス」03

如果将以上所述的各个音节的基本波数数值化,则如表 2-79、2-80、2-81 所示(单位:Hz)。

表 2-79 第 1 次发声的基本波数

バ	ス
112	—

表 2-80 第 2 次发声的基本波数

バ	ス
119	—

表 2-81 第 3 次发声的基本波数

バ	ス
120	—

(4) 受试者 04

图 2-28 所示的是受试者 04 的 3 次语音数据。从第 1 次的发声(左侧)到第 3 次的发声(右侧),音调模式全部为/H-L/。另外,对于汉语母语者来说很难的词头有声破裂音 [b] 被调音得很好,这一点值得肯定。但是,由于词头的 [バ] 被长音化,而且是下降音调,以及词尾的无声化不稳定,偏离了自然的日语音调。

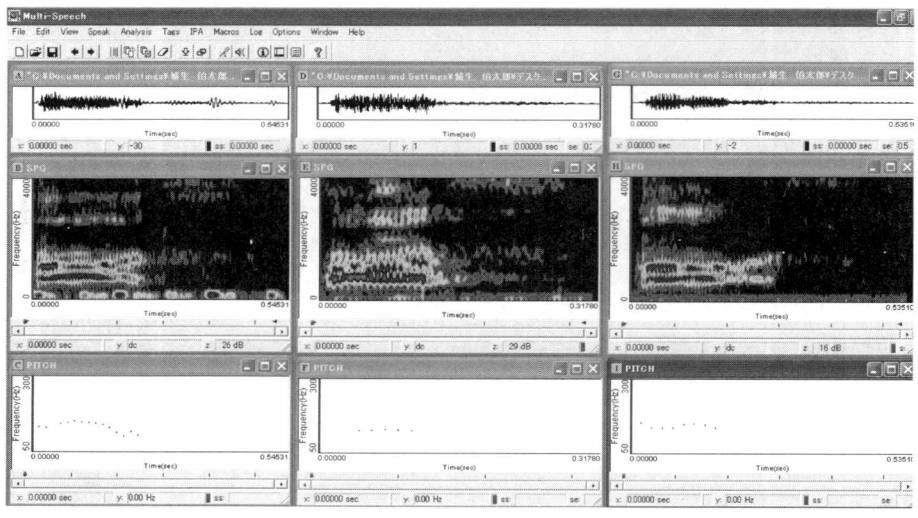

图 2-28 「バス」04

如果将以上所述的各个音节的基本波数数值化，则如表 2-82、2-83、2-84 所示（单位：Hz）。

表 2-82　第 1 次发声的基本波数

バ	ス
150	114

表 2-83　第 2 次发声的基本波数

バ	ス
132	—

表 2-84　第 3 次发声的基本波数

バ	ス
152	—

（5）受试者 05

图 2-29 所示的是受试者 05 的 3 次语音数据。在第 1 次的发声（左侧）和第 2 次的发声（正中）中，音调模式全部为/H-M/。另外，词头的长音化［バ］偏离了自然的日语音调。但是，在第 3 次的发声中，音调模式为/H-L/，并且消除了词头［バ］的长音化，是自然的日语音调。但是，词尾的［ス］并没有完全无声，而是半有声。

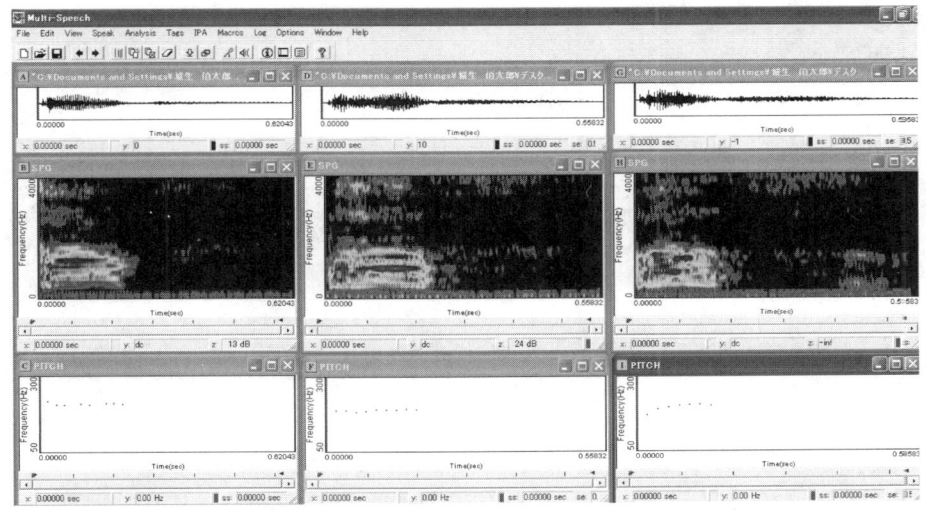

图 2-29 「バス」05

如果将以上所述的各个音节的基本波数数值化，则如表 2-85、2-86、2-87 所示（单位：Hz）。

表 2-85　第 1 次发声的基本波数

バ	ス
209	—

表 2-86　第 2 次发声的基本波数

バ	ス
193	—

表 2-87　第 3 次发声的基本波数

バ	ス
204	—

（6）受试者 06

图 2-30 所示的是受试者 06 的 3 次语音数据。从第 1 次的发声（左侧）到第 3 次的发声（右侧），音调模式全部为/H-L/。另外，词头的长音化［バ］偏离了自然的日语音调。另外，只有第 3 次的发声没有将词尾的［ス］无声化，在听觉是不自然的日语音调。

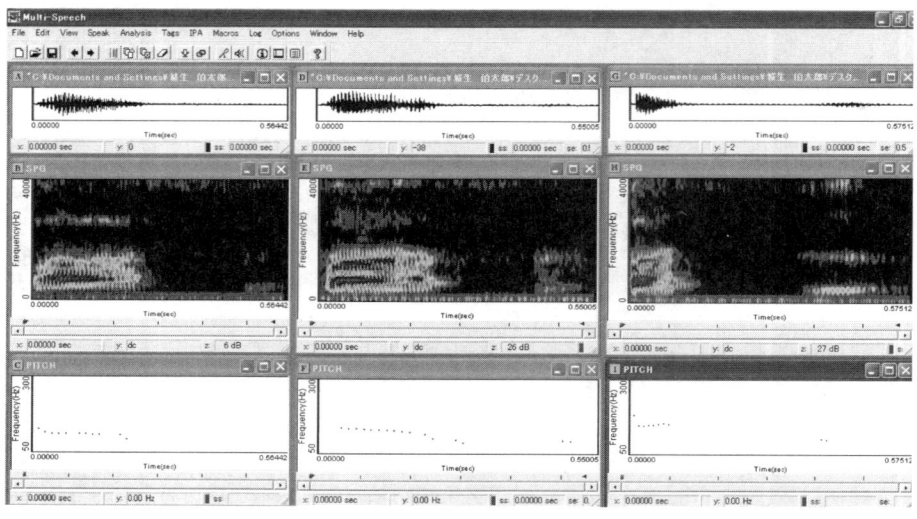

图 2-30　「バス」06

如果将以上所述的各个音节的基本波数数值化，则如表 2-88、2-89、2-90 所示（单位：Hz）。

表 2-88　第 1 次发声的基本波数

バ	ス
114	—

表 2-89　第 2 次发声的基本波数

バ	ス
134	—

表 2-90　第 3 次发声的基本波数

バ	ス
139	106

6.「ビール」

（1）受试者 01

图 2-31 所示的是受试者 01 的 3 次语音数据。在第 1 次的发声（左侧）中，从第一音节［ビー］到第二音节［ル］缓慢下降，但与自然的日语不同，音调从［ビー］的中途下降，也就是说，第一音节［ビー］音调变得高而平。而且，第二音节的分节音也比［ル］更接近［ロ］。因此，在听觉印象上，离自然的日语音调差距很远。

在第 2 次发声（中）中，接近［ロ］的第二音节变成了正确的［ル］。但

是，因为基本的音调模式和第 1 次没有变化，所以仍是不自然的日语音调。

在第 3 次的发声（右侧）中，音调准确地从［ビー］的中途开始下降。因此，只有第 3 次的发音听起来是非常自然流畅的日语音调。

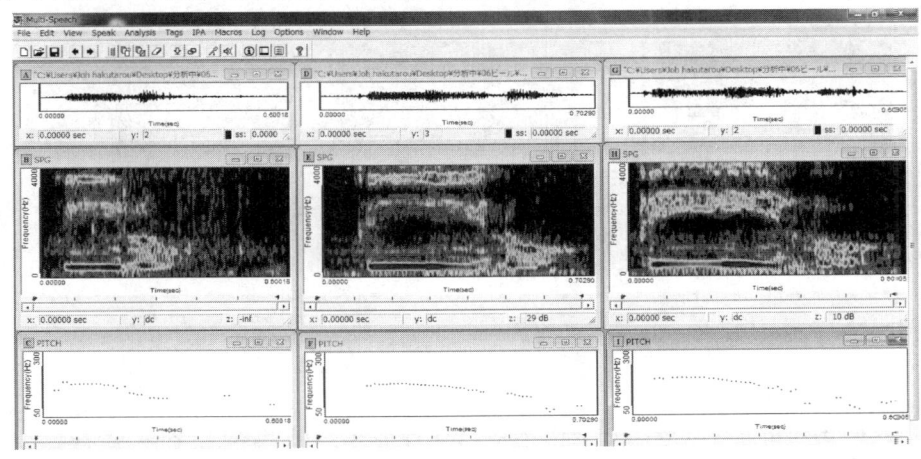

图 2-31　「ビール」01

如果将以上所述的各个音节的基本波数数值化，则如表 2-91、2-92、2-93 所示（单位：Hz）。

表 2-91　第 1 次发声的基本波数

ビー	ル
180	125

表 2-92　第 2 次发声的基本波数

ビー	ル
179	126

表 2-93　第 3 次发声的基本波数

ビー	ル
194	113

（2）受试者 02

图 2-32 所示的是受试者 02 的 3 次语音数据。从第 1 次的［b］调音清晰的发声（左侧）到第 3 次的发声（右侧），音调模式全部为/H-L/。另外，对于汉语母语者来说很难的词头有声爆破音调音很好，这一点值得肯定。但是，在第 3 次的发声中，出现了在自然的日语中不可能发生的最后音节的无声化，所以是不自然的音调。

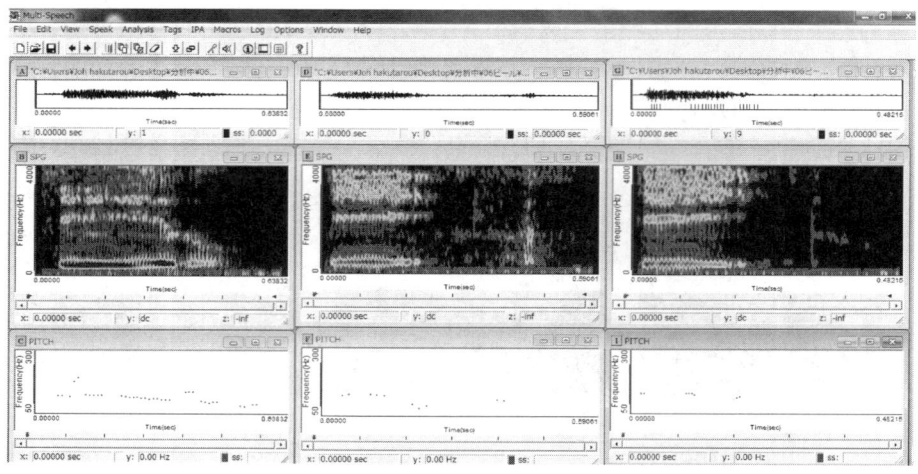

图 2-32 「ビール」02

如果将以上所述的各个音节的基本波数数值化，则如表 2-94、2-95、2-96 所示（单位：Hz）。

表 2-94　第 1 次发声的基本波数

ビー	ル
124	100

表 2-95　第 2 次发声的基本波数

ビー	ル
132	113

表 2-96　第 3 次发声的基本波数

ビー	ル
181	—

（3）受试者 03

图 2-33 所示的是受试者 03 的 3 次语音数据。第 1 次的发声（左侧）和第 2 次的发声（正中）的音调模式中，第一音节［ビー］是高而平的，与从高到低的自然的日语音调不同。但是，对于汉语母语者来说很难的词头有声破裂音［b］调音很好，这一点值得肯定。

在第 3 次的发声（右侧）中，［ビー］从高到低，接着是［ル］，所以听起来是自然流畅的日语。

第 2 章　实　验　51

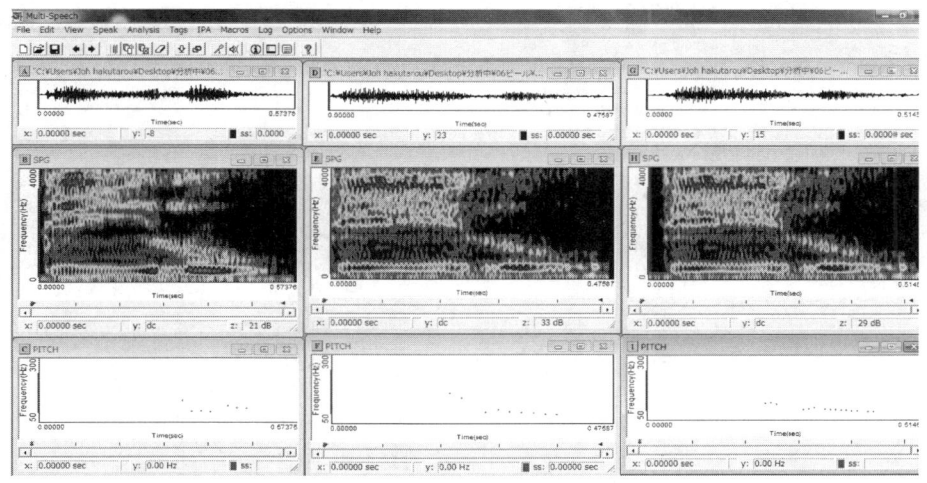

图 2-33　「ビール」03

如果将以上所述的各个音节的基本波数数值化，则如表 2-97、2-98、2-99 所示（单位：Hz）。

表 2-97　第 1 次发声的基本波数

ビー	ル
123	95

表 2-98　第 2 次发声的基本波数

ビー	ル
117	85

表 2-99　第 3 次发声的基本波数

ビー	ル
113	85

（4）受试者 04

图 2-34 所示的是受试者 04 的 3 次语音数据。从第 1 次发声（左侧）到第 3 次发声（右侧），音调模式全部为从高到低的/HM-L/型。因此，虽然接近自然的日语，但对于汉语母语者来说很难的词头有声破裂音［b］全部变成了无声无气音［p］。因此，在整体的听觉印象中，偏离了自然的日语音调。如果将以上所述的各个音节的基本波数数值化，则如表 2-100、2-101、2-102 所示（单位：Hz）。

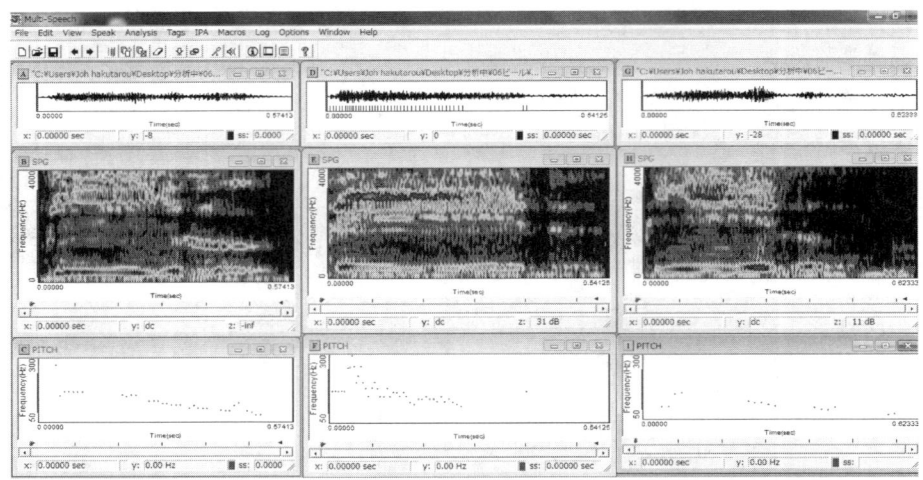

图 2-34 「ビール」04

表 2-100 第 1 次发声的基本波数

ビー	ル
172	105

表 2-101 第 2 次发声的基本波数

ビー	ル
175	105

表 2-102 第 3 次发声的基本波数

ビー	ル
149	98

(5) 受试者 05

图 2-35 所示的是受试者 05 的 3 次语音数据。从第 1 次发声（左侧）到第 3 次发声（右侧），音调模式全部为从高到低的/HM-L/型。

另外，在分节音的水平上，对于汉语母语者来说很难的词头有声破裂音 [b]，在第 1 次和第 2 次发声时变成了无声无气音 [p]。因此，从整体的听觉印象来看，是不自然的日语。但是，由于第 3 次发声时改善为有声的 [b]，听起来更自然。

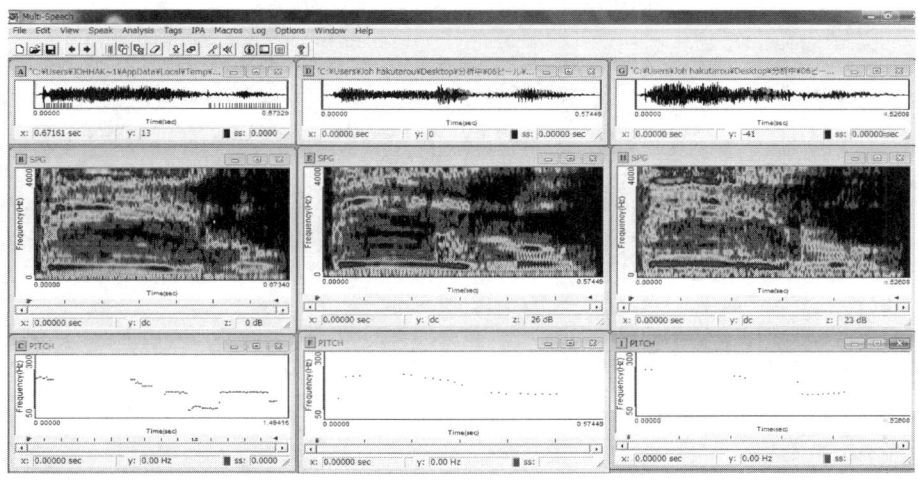

图 2-35 「ビール」05

如果将以上所述的各个音节的基本波数数值化，则如表 2-103、2-104、2-105 所示（单位：Hz）。

表 2-103　第 1 次发声的基本波数

ビー	ル
217	158

表 2-104　第 2 次发声的基本波数

ビー	ル
211	146

表 2-105　第 3 次发声的基本波数

ビー	ル
233	142

（6）受试者 06

图 2-36 所示的是受试者 06 的 3 次语音数据。从第 1 次的发声（左侧）到第 3 次的发声（右侧），音调模式全部呈/H-L/型。因此，给人一种合成语音的印象，与自然的日语音调有很大不同。

另外，在分节音的水平上，对汉语母语者来说很难的位于词头的有声破裂音[b] 全部变成了无声无气音[p]。因此，该受试者的三次发声都没有改善的迹象。

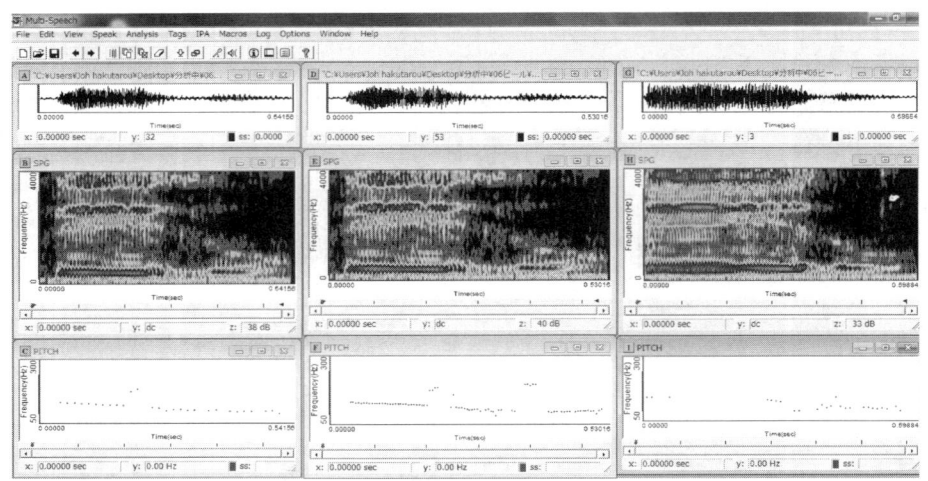

图 2-36 「ビール」06

如果将以上所述的各个音节的基本波数数值化，则如表 2-106、2-107、2-108 所示（单位：Hz）。

表 2-106　第 1 次发声的基本波数

ビー	ル
131	97

表 2-107　第 2 次发声的基本波数

ビー	ル
129	97

表 2-108　第 3 次发声的基本波数

ビー	ル
130	101

7.「ベッド」

（1）受试者 01

图 2-37 所示的是受试者 01 的 3 次语音数据。在第 1 次的发声（左侧）中，第一音节［ベッ］变成了［ベ］，没有掌握促音感。第二音节［ド］也变成了无声无气的［ト］。但是，音调模式是正确的/H-L/型。

在第 2 次的发声（中）和第 3 次的发声（右侧）中，受试者掌握了促音，第一音节［ベッ］变得稳固。因此，听起来是非常自然流畅的日语音调。

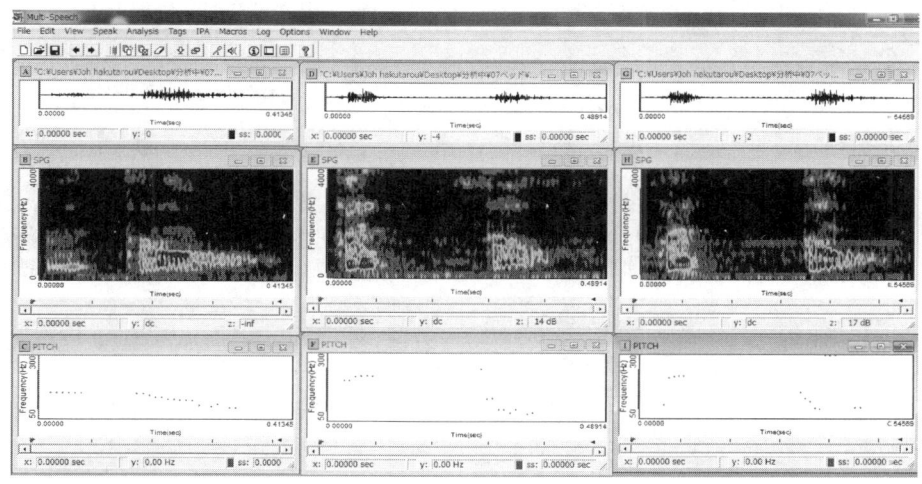

图 2-37 「ベッド」01

如果将以上所述的各个音节的基本波数数值化,则如表 2-109、2-110、2-111 所示(单位:Hz)。

表 2-109 第 1 次发声的基本波数

ベッ	ド
152	122

表 2-110 第 2 次发声的基本波数

ベッ	ド
215	135

表 2-111 第 3 次发声的基本波数

ベッ	ド
218	113

(2) 受试者 02

图 2-38 所示的是受试者 02 的 3 次语音数据。从第 1 次的发声(左侧)到第 3 次的发声(右侧),音调模式全部为/H-L/。另外,对汉语母语者来说很难的位于词头有声破裂音[b]调音很好。

但是,在第 1 次和第 2 次的发声中,词头重音像英语一样强,调音很长,所以变成了不自然的日语。促音感在 3 次发声中均没有体现。在第 3 次发声中,词头的[ベ]变短了,但这次词尾变长,变成了[ベドー]。因此,该受试者的 3 次发音均为不自然的日语音调。

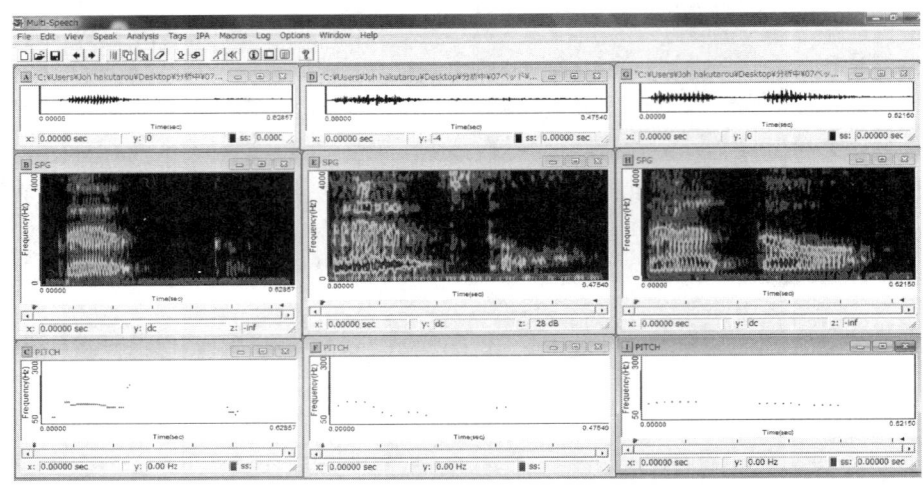

图 2-38 「ベッド」02

如果将以上所述的各个音节的基本波数数值化，则如表 2-112、2-113、2-114 所示（单位：Hz）。

表 2-112　第 1 次发声的基本波数

ベッ	ド
129	92

表 2-113　第 2 次发声的基本波数

ベッ	ド
136	123

表 2-114　第 3 次发声的基本波数

ベッ	ド
121	108

（3）受试者 03

图 2-39 所示的是受试者 03 的 3 次语音数据。从第 1 次的发声（左侧）到第 3 次的发声（右侧），音调模式全部为从高到低的 /H-L/ 型。但是，由于在第 1 次的发声中没有抓住促音的感觉，所以听起来相当不自然。

在第 2 次和第 3 次的发声中，虽然没有促音，但重音的变化有一定的节拍感。

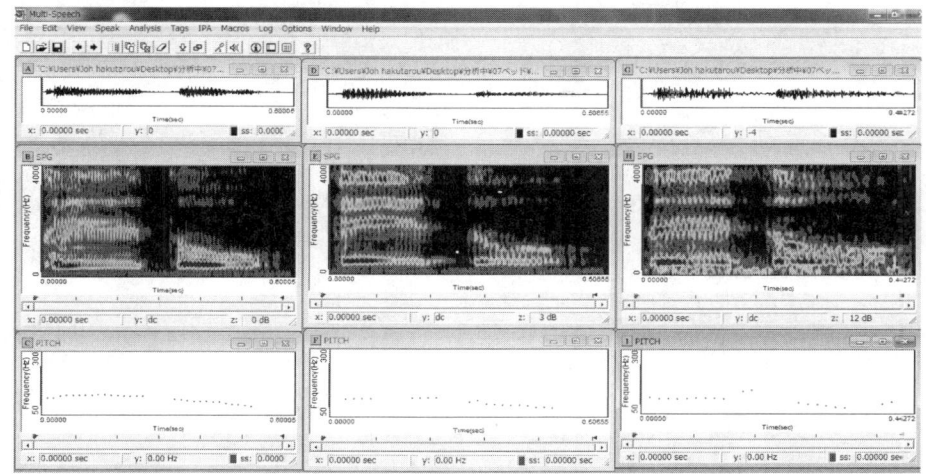

图 2-39　「ベッド」03

如果将以上所述的各个音节的基本波数数值化，则如表 2-115、2-116、2-117 所示（单位：Hz）。

表 2-115　第 1 次发声的基本波数

ベッ	ド
130	104

表 2-116　第 2 次发声的基本波数

ベッ	ド
121	92

表 2-117　第 3 次发声的基本波数

ベッ	ド
114	91

（4）受试者 04

图 2-40 所示的是受试者 04 的 3 次语音数据。从第 1 次的发声（左侧）到第 3 次的发声（右侧），音调模式全部为从高到低的/H-L/型。虽然接近了自然的日语，但第 1 次没有促音的感觉，变成了［ベトー］。第 2 次和第 3 次虽然抓住了促音感，但词头的有声破裂音［b］变成了无声无气音［p］。因此，不能说是自然的日语音调。

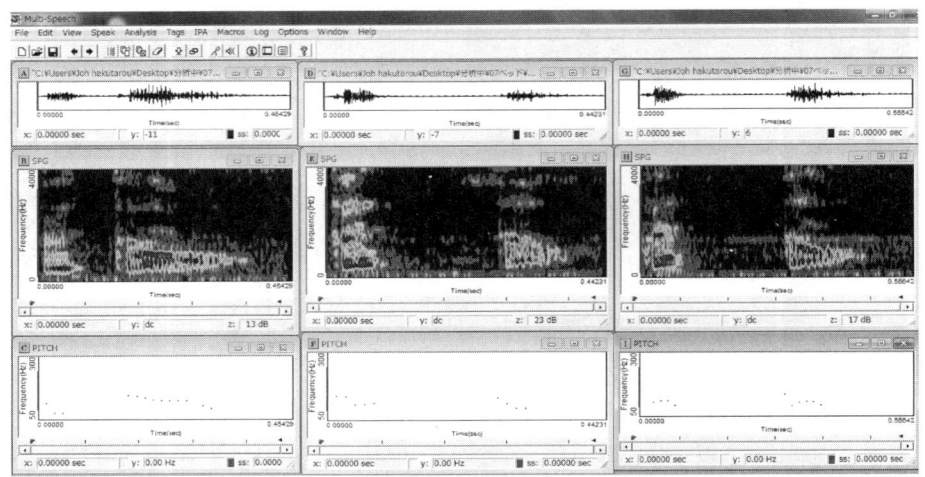

图 2-40 「ベッド」04

如果将以上所述的各个音节的基本波数数值化,则如表 2-118、2-119、2-120 所示(单位:Hz)。

表 2-118 第 1 次发声的基本波数

ベッ	ド
155	126

表 2-119 第 2 次发声的基本波数

ベッ	ド
219	135

表 2-120 第 3 次发声的基本波数

ベッ	ド
222	149

(5)受试者 05

图 2-41 所示的是受试者 05 的 3 次语音数据。从第 1 次的发声(左侧)到第 3 次的发声(右侧),音调模式全部为从高到低的/H-L/型。另外,该受试者掌握了促音的感觉。

在分节音的水平上,第 1 次发声的第二音节变成了无声爆破音[ト],但在第 2 次和第 3 次中得到了改善,变成了有声爆破音[ド],听起来是很自然的日语。

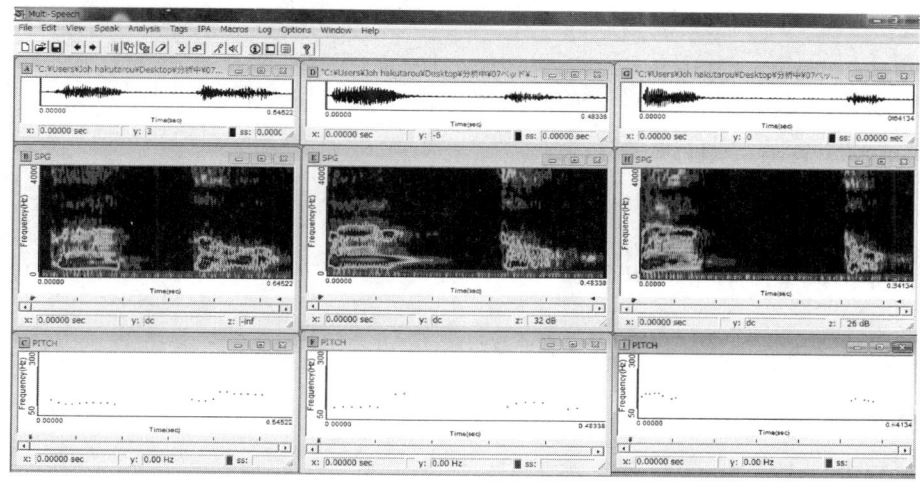

图 2-41　「ベッド」05

如果将以上所述的各个音节的基本波数数值化，则如表 2-121、2-122、2-123 所示（单位：Hz）。

表 2-121　第 1 次发声的基本波数

ベッ	ド
207	142

表 2-122　第 2 次发声的基本波数

ベッ	ド
196	146

表 2-123　第 3 次发声的基本波数

ベッ	ド
205	147

（6）受试者 06

图 2-42 所示的是受试者 06 的 3 次语音数据。从第 1 次的发声（左侧）到第 3 次的发声（右侧），重音模式全部呈/H-L/型。但是，第 1 次和第 2 次发音为［ベート］，将第一音节长音化，第 3 次虽然掌握了促音感觉，但将第二音节长音化了，发音为［ベッドー］。

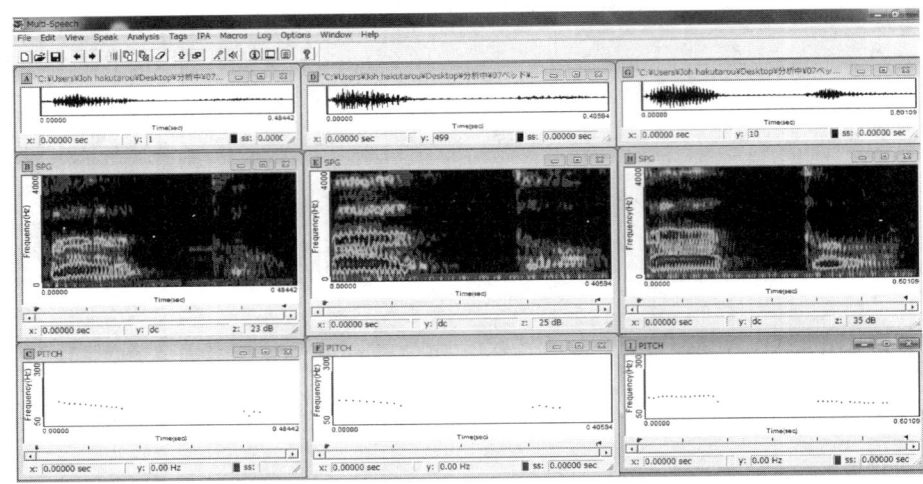

图 2-42 「ベッド」06

如果将以上所述的各个音节的基本波数数值化，则如表 2-124、2-125、2-126 所示（单位：Hz）。

表 2-124　第 1 次发声的基本波数

ベッ	ド
195	140

表 2-125　第 2 次发声的基本波数

ベッ	ド
162	95

表 2-126　第 3 次发声的基本波数

ベッ	ド
137	114

8.「ペット」

（1）受试者 01

图 2-43 所示的是受试者 01 的 3 次语音数据。从第 1 次的发声（左侧）到第 3 次的发声（右侧），音调模式全部呈/H-L/型。第 1 次发音为［ペットー］，将第二音节变长，但从第 2 次开始明显改善，变为短母音，也掌握了促音的感觉。

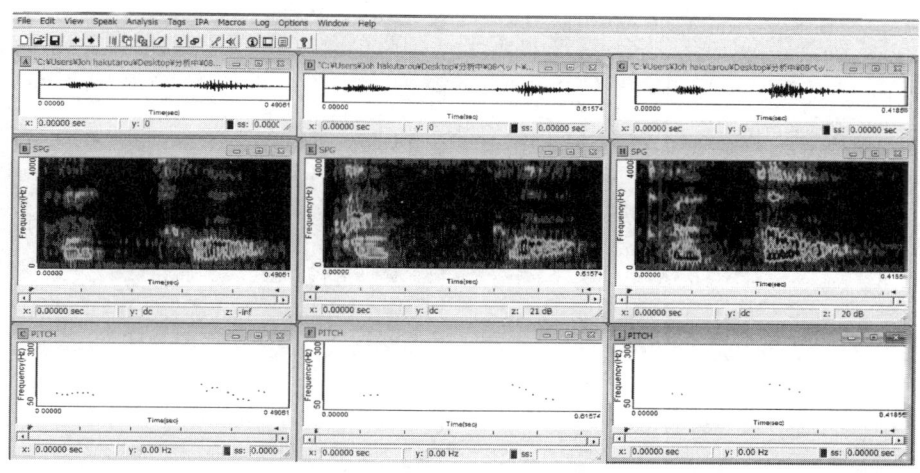

图 2-43 「ペット」01

如果将以上所述的各个音节的基本波数数值化,则如表 2-127、2-128、2-129 所示(单位:Hz)。

表 2-127　第 1 次发声的基本波数

ペッ	ト
203	130

表 2-128　第 2 次发声的基本波数

ペッ	ト
212	144

表 2-129　第 3 次发声的基本波数

ペッ	ト
211	120

(2) 受试者 02

图 2-44 所示的是受试者 02 的 3 次语音数据。从第 1 次的发声(左侧)到第 3 次的发声(右侧),音调模式全部为/H-L/型,但第一音节的元音全部被长音化,没有掌握促音的感觉。另外,在第 1 次和第 2 次的发声中,词头错误地发音为有声破裂音［b］。

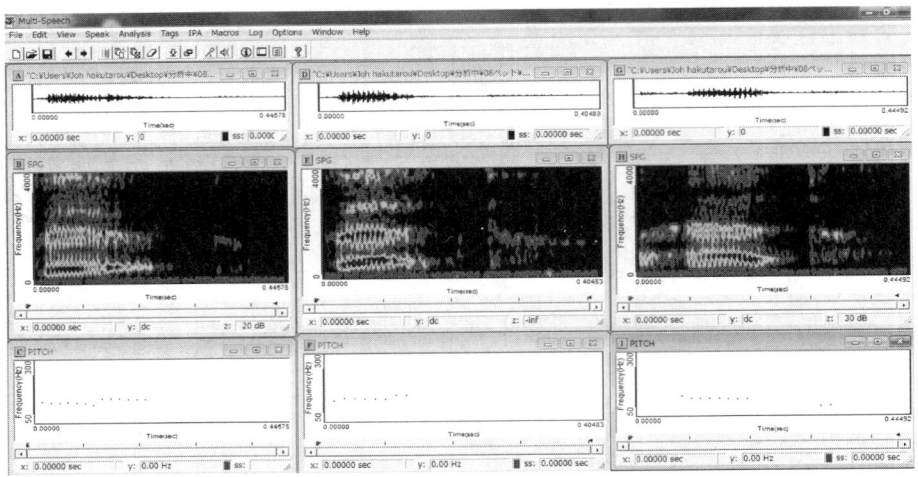

图 2-44 「ペット」02

如果将以上所述的各个音节的基本波数数值化,则如表 2-130、2-131、2-132 所示(单位:Hz)。

表 2-130　第 1 次发声的基本波数

ペッ	ト
186	115

表 2-131　第 2 次发声的基本波数

ペッ	ト
182	152

表 2-132　第 3 次发声的基本波数

ペッ	ト
179	104

(3) 受试者03

图 2-45 所示的是受试者 03 的 3 次语音数据。从第 1 次的发声(左侧)到第 3 次的发声(右侧),音调模式全部呈/H-L/型。但是,在第 1 次的发声中,由于第二音节的［ト］带气音,所以听起来非常不自然。从第 2 次开始,虽然这一点得到了改善,但由于没有促音感,变成了［ペト］这样短的 2 拍音调。

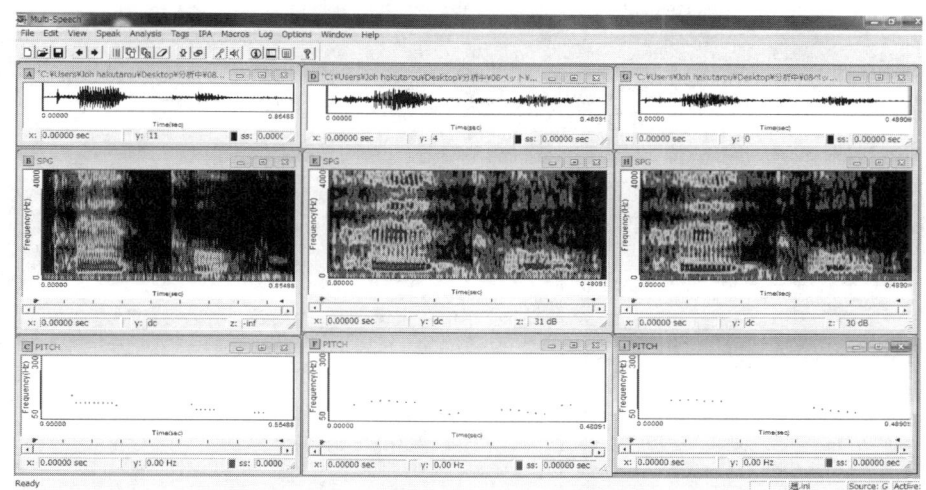

图 2-45 「ペット」03

如果将以上所述的各个音节的基本波数数值化，则如表 2-133、2-134、2-135 所示（单位：Hz）。

表 2-133 第 1 次发声的基本波数

ペッ	ト
117	91

表 2-134 第 2 次发声的基本波数

ペッ	ト
125	92

表 2-135 第 3 次发声的基本波数

ペッ	ト
124	92

（4）受试者 04

图 2-46 所示的是受试者 04 的 3 次语音数据。从第 1 次的发声（左侧）到第 3 次的发声（右侧），音调模式全部为从高到低的/H-L/型。但是，3 次发声都没有促音的感觉，变成了［ペート］。第 3 次发声又变成了［ペード］，将无声破裂音的［p］变成了有声破裂音的［b］。

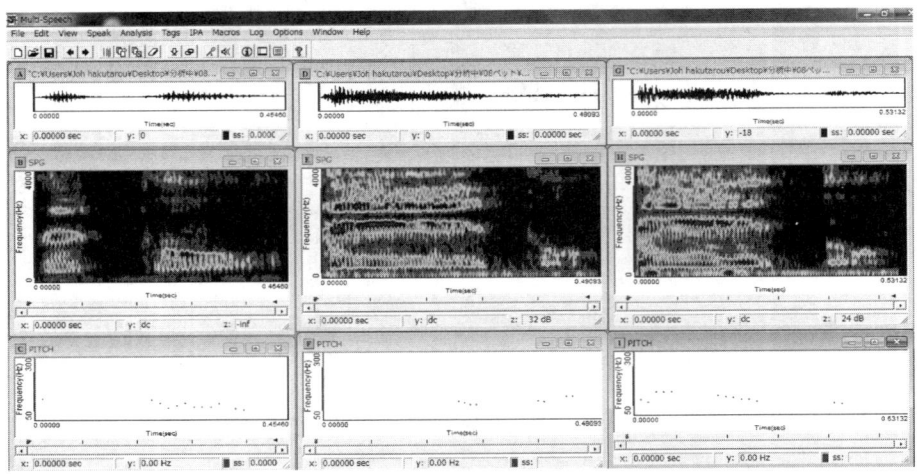

图 2-46 「ペット」04

如果将以上所述的各个音节的基本波数数值化,则如表 2-136、2-137、2-138 所示(单位:Hz)。

表 2-136　第 1 次发声的基本波数

ペッ	ト
213	115

表 2-137　第 2 次发声的基本波数

ペッ	ト
118	89

表 2-138　第 3 次发声的基本波数

ペッ	ト
117	93

(5) 受试者 05

图 2-47 所示的是受试者 05 的 3 次语音数据。从第 1 次的发声(左侧)到第 3 次的发声(右侧),音调模式全部为从高到低的/H-L/型。另外,该受试者也掌握了促音的感觉。

在分节音的水平上,第 1 次的第二音节稍微变长了,但在第 2 次和第 3 次中得到了改善,所以听起来是比较自然的日语。

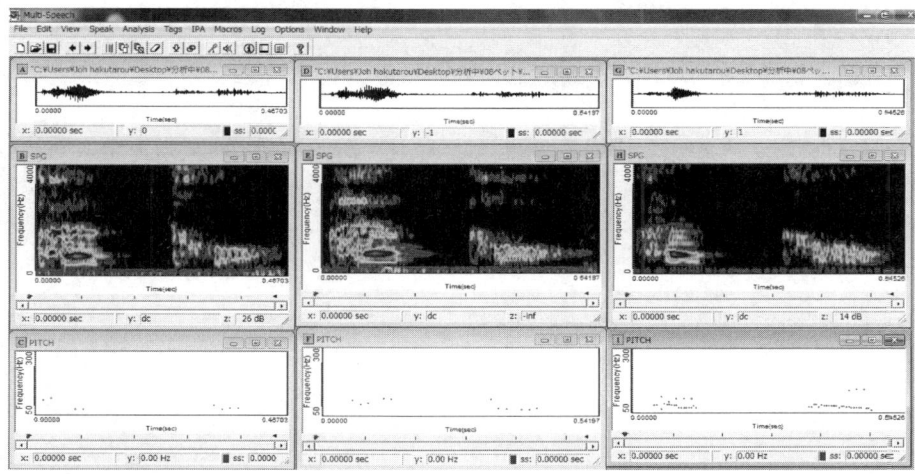

图 2-47 「ペット」05

如果将以上所述的各个音节的基本波数数值化,则如表 2-139、2-140、2-141 所示(单位:Hz)。

表 2-139　第 1 次发声的基本波数

ペッ	ト
222	100

表 2-140　第 2 次发声的基本波数

ペッ	ト
177	116

表 2-141　第 3 次发声的基本波数

ペッ	ト
216	100

(6) 受试者 06

图 2-48 所示的是受试者 06 的 3 次语音数据。从第 1 次的发声(左侧)到第 3 次的发声(右侧),音调模式全部为"高+低",呈/H-L/型。但是,由于词头的[p]相当强,所以听起来是不自然的日语。另外,第一音节和第二音节的音调落差在第 1 次发声中为 66Hz,而在第 2 次和第 3 次中分别仅为 35Hz 和 33Hz 这样微小的落差,这也是其听起来不自然的主要原因。

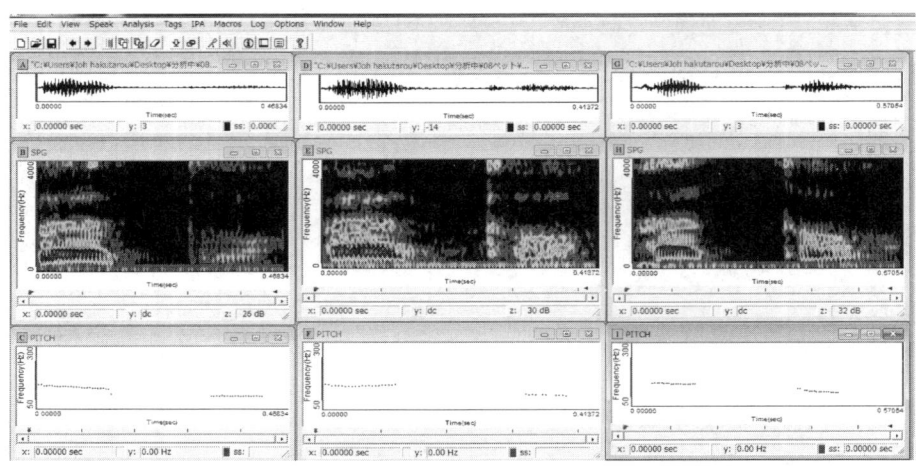

图 2-48 「ペット」06

如果将以上所述的各个音节的基本波数数值化,则如表 2-142、2-143、2-144 所示(单位:Hz)。

表 2-142　第 1 次发声的基本波数

ペッ	ト
170	104

表 2-143　第 2 次发声的基本波数

ペッ	ト
139	104

表 2-144　第 3 次发声的基本波数

ペッ	ト
140	107

9.「ボックス」

(1) 受试者 01

图 2-49 所示的是受试者 01 的 3 次语音数据。从第 1 次的发声(左侧)到第 3 次的发声(右侧),音调模式全部为"高+低",呈/H-L/型。但是,第 1 次没有掌握促音的感觉。需要注意的是音节的分断是/ボック・ス/,[ク]完全无声。从第 2 次开始,由于促音的存在这一点得到了改善,所以整体上听起来是自然的日语。

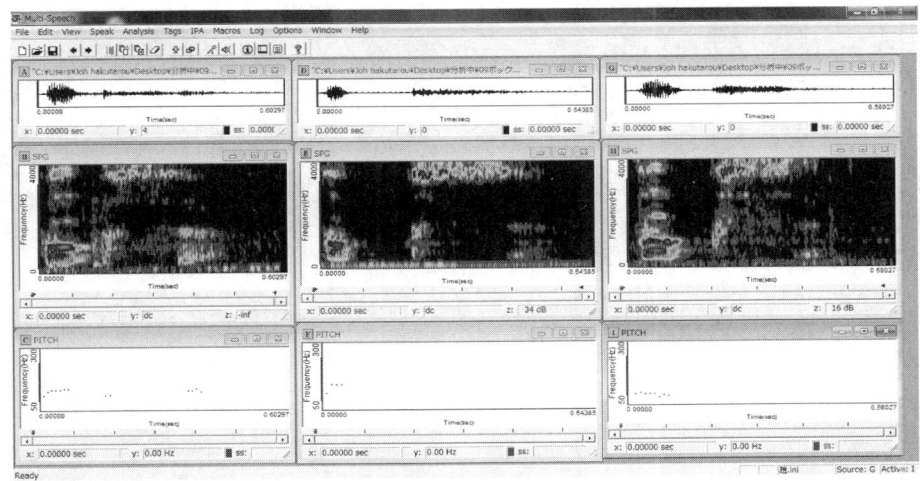

图 2-49 「ボックス」01

如果将以上所述的各个音节的基本波数数值化，则如表 2-145、2-146、2-147 所示（单位：Hz）。

表 2-145　第 1 次发声的基本波数

ボック	ス
160	82

表 2-146　第 2 次发声的基本波数

ボック	ス
176	92

表 2-147　第 3 次发声的基本波数

ボック	ス
188	96

（2）受试者 02

图 2-50 所示的是受试者 02 的 3 次语音数据。从第 1 次的发声（左侧）到第 3 次的发声（右侧），音调模式全部为/H-L/。另外，在分节音的水平上，也全部将最终音节［ス］无声化，因此音节的分断为［ボ·グス］。而且，由于在第 3 次中［グ］也无声化了，所以第二音节的音调没有出现。另外在所有的发声中都没有观察到促音现象。

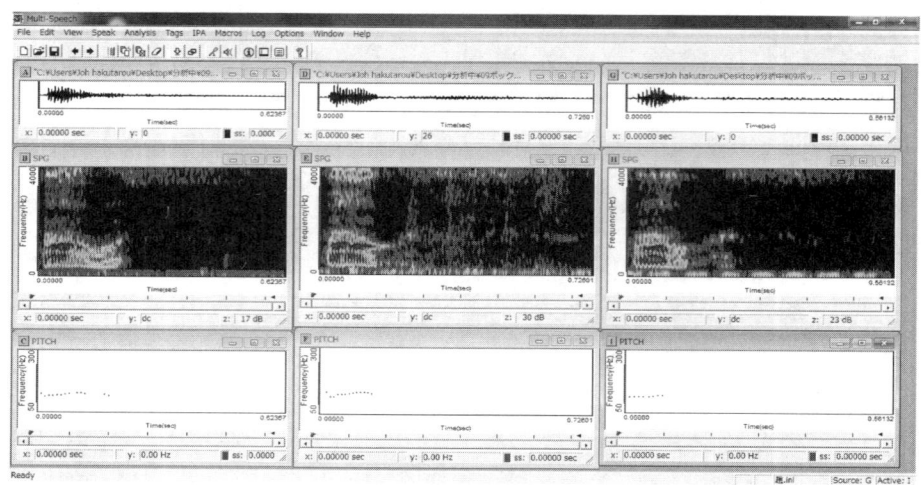

图 2-50 「ボックス」02

如果将以上所述的各个音节的基本波数数值化，则如表 2-148、2-149、2-150 所示（单位：Hz）。

表 2-148　第 1 次发声的基本波数

ボッ	クス
126	121

表 2-149　第 2 次发声的基本波数

ボッ	クス
133	104

表 2-150　第 3 次发声的基本波数

ボッ	クス
120	—

（3）受试者 03

图 2-51 所示的是受试者 03 的 3 次语音数据。从第 1 次的发声（左侧）到第 3 次的发声（右侧），全部都没有将最终音节［ス］无声化，这样听起来有点不自然，但在其他方面，每一次发声都有明显的进步。

音调模式在第 1 次中为逐字拼读，呈现为/M-H-L/型，但从第 2 次开始大致成为/H-M-L/的模式（参照表 2-152、2-153）。另外，在第 3 次的发声中也清晰地出现了促音。

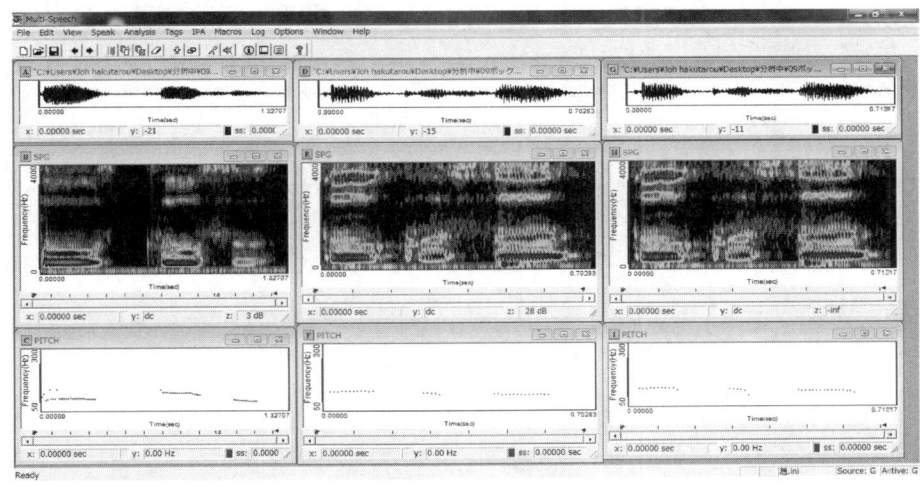

图 2-51 「ボックス」03

如果将以上所述的各个音节的基本波数数值化,则如表 2-151、2-152、2-153 所示(单位: Hz)。

表 2-151 第 1 次发声的基本波数

ボッ	ク	ス
104	124	90

表 2-152 第 2 次发声的基本波数

ボッ	ク	ス
126	120	113

表 2-153 第 3 次发声的基本波数

ボッ	ク	ス
125	117	113

(4)受试者 04

图 2-52 所示的是受试者 04 的 3 次语音数据。从第 1 次的发声(左侧)到第 3 次的发声(右侧),完全没有掌握促音的感觉,音调模式也各不相同,第 1 次和第 2 次是头高的/H-L/型,只有第 3 次是/L-M-H/型。另外,第 1 次发声将第二音节[ク]和最终音节[ス]无声化,而第 2 次是仅将最终音节[ス]无声化,音节结构分别为[ボックス]和[ボッ・クス]。

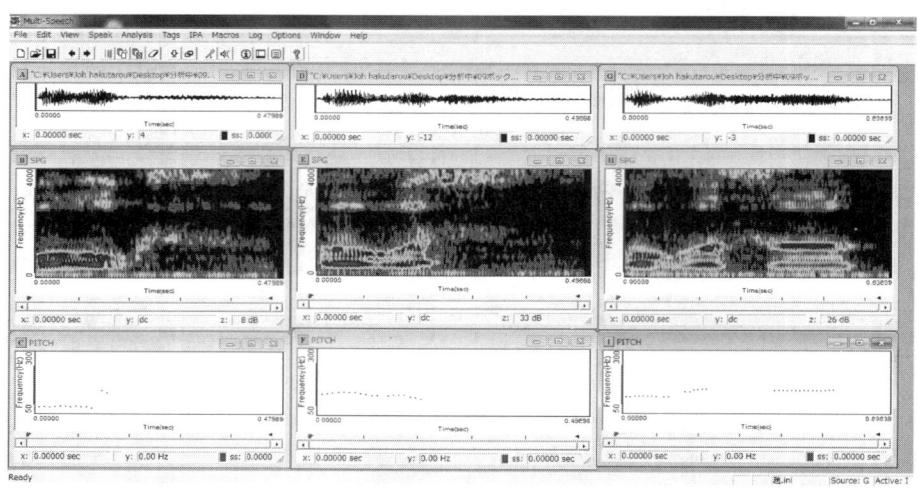

图 2-52 「ボックス」04

如果将以上所述的各个音节的基本波数数值化,则如表 2-154、2-155、2-156 所示(单位：Hz)。

表 2-154　第 1 次发声的基本波数

ボッ	クス
164	—

表 2-155　第 2 次发声的基本波数

ボッ	クス
138	122

表 2-156　第 3 次发声的基本波数

ボッ	ク	ス
121	138	144

(5) 受试者 05

图 2-53 所示的是受试者 05 的 3 次语音数据。在第 1 次的发声(左侧)中,对每 1 个音进行拾音,音调模式也为平板型。但是,在第 2 次(中)和第 3 次的发声(右侧)中,音调模式全部改为头高型的/H-L/型。并且,在第 2 次的发声中,由于［ク］和［ス］都无声化了,所以音调没有出现,在语音学上变成了单音节。在第 3 次中由于只有［ク］无声化,所以在语音学上为二音节。

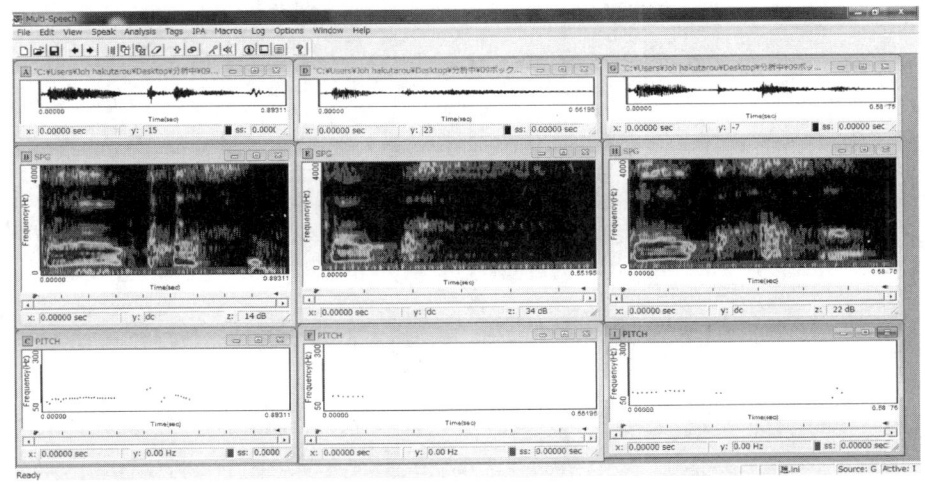

图 2-53 「ボックス」05

如果将以上所述的各个音节的基本波数数值化,则如表 2-157、2-158、2-159 所示(单位：Hz)。

表 2-157 第 1 次发声的基本波数

ボー	ク	ス
216	—	—

表 2-158 第 2 次发声的基本波数

ボッ	ク	ス
214	—	—

表 2-159 第 3 次发声的基本波数

ボッ	ク	ス
217	—	154

(6) 受试者 06

图 2-54 所示的是受试者 06 的 3 次语音数据。从第 1 次发声(左侧)到第 3 次发声(右侧),音调模式全部为/H-L/型。但是,在所有的发声中都没有掌握促音的感觉。在第 1 次发声中,由于第二音节变成了无声的［k］,所以音节结构变成了［bok·su］。在第 2 次中,由于第二、第三音节都无声了,所以在语音学上变成了单音节。第 3 次由于［ス］无声化,所以音节结构变成了［bo·kus］。

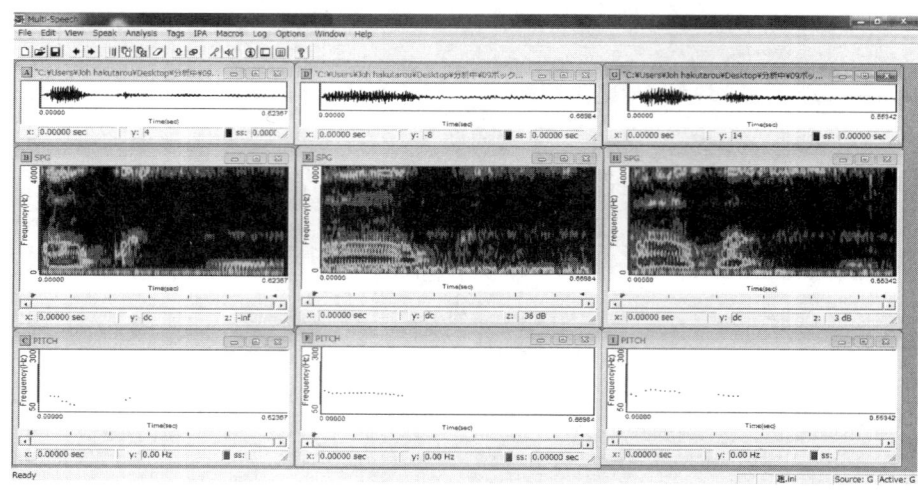

图 2-54 「ボックス」06

如果将以上所述的各个音节的基本波数数值化，则如表 2-160、2-161、2-162 所示（单位：Hz）。

表 2-160　第 1 次发声的基本波数

ボッ	ク	ス
170	—	101

表 2-161　第 2 次发声的基本波数

ボッ	ク	ス
132	—	—

表 2-162　第 3 次发声的基本波数

ボッ	ク	ス
139	122	—

10.「マレーシア」

（1）受试者 01

图 2-55 所示的是受试者 01 的 3 次语音数据。第 1 次发声（左侧）似乎是逐字发音，音调模式是/M-H-H-HL/，分节音是［マ・レ・シ・ヤ］，听起来很不自然。

第 2 次（中）发声时，该受试者用/M-H-M-L/的音调调音［マ・レ・シ・ヤー］，但已经改善了第 1 次发声中的停顿感。在第 3 次发声（右侧）时，因为抓住了长音的节拍感，改善了词尾的长音化，所以相当接近自然的日语。

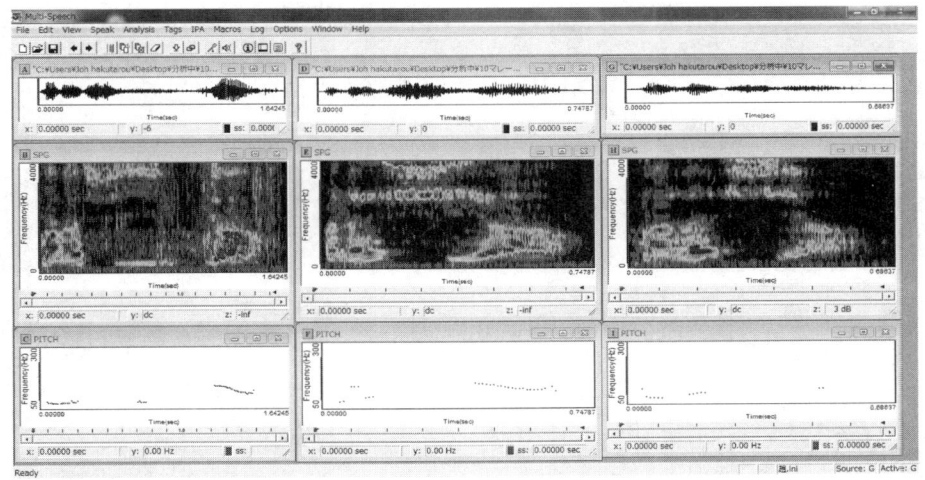

图 2-55 「マレーシア」01

如果将以上所述的各个音节的基本波数数值化，则如表 2-163、2-164、2-165 所示（单位：Hz）。

表 2-163　第 1 次发声的基本波数

マ	レー	シ	ア
154	168	148	118

表 2-164　第 2 次发声的基本波数

マ	レー	シ	ア
166	195	153	121

表 2-165　第 3 次发声的基本波数

マ	レー	シ	ア
154	195	138	113

（2）受试者 02

图 2-56 所示的是受试者 02 的 3 次语音数据。从第 1 次发声（左侧）到第 3 次发声（右侧），音调模式全部/M-H-H-L/，是不自然的日语。在分节音的水平上，只有第 3 次将［レー］作为长元音，其余都是短元音。

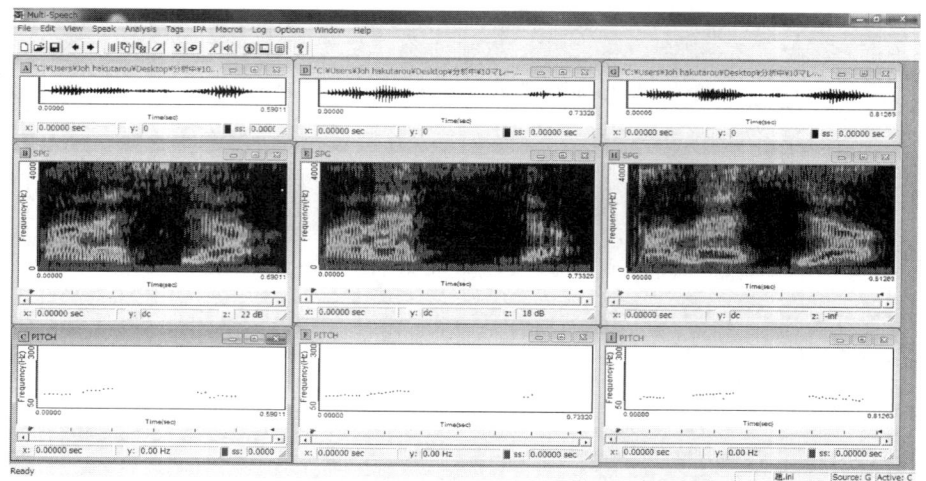

图 2-56 「マレーシア」02

如果将以上所述的各个音节的基本波数数值化,则如表 2-166、2-167、2-168 所示(单位:Hz)。

表 2-166 第 1 次发声的基本波数

マ	レー	シ	ア
107	130	115	103

表 2-167 第 2 次发声基本波数

マ	レー	シ	ア
126	129	124	116

表 2-168 第 3 次发声的基本波数

マ	レー	シ	ア
100	118	111	97

(3) 受试者 03

图 2-57 所示的是受试者 03 的 3 次语音数据。第 1 次发声(左侧)似乎逐字发音,音调模式是/M-H-H-H/型,分节音是 [マ・レ・シ・ヤ],听起来很不自然。

在第 2 次(中)和第 3 次的发音(右侧)时,该受试者用/M-HM-M-L/的音调调音为 [マ・レー・シ・ヤ]。虽然音调稍弱,但因为掌握了长音的节拍感,所以听起来很接近自然的日语。

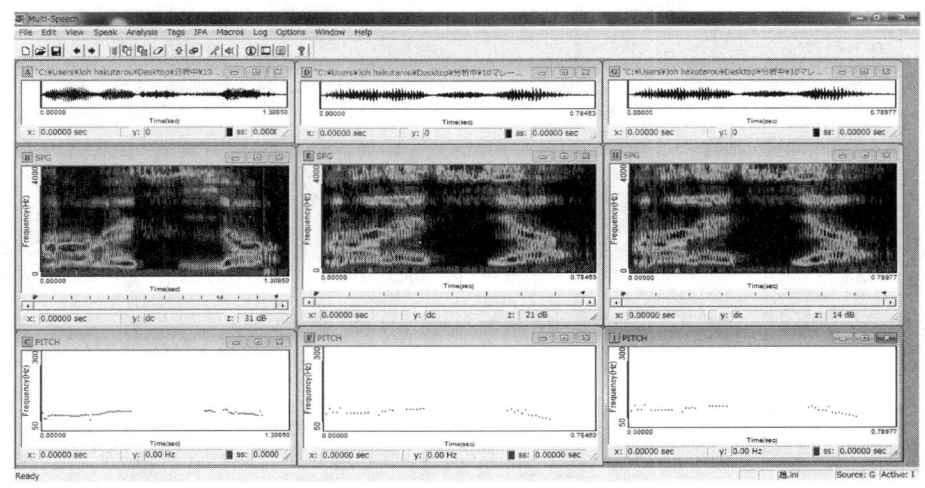

图 2-57 「マレーシア」03

如果将以上所述的各个音节的基本波数数值化,则如表 2-169、2-170、2-171 所示(单位:Hz)。

表 2-169 第 1 次发声基本波数

マ	レ	シ	ア
98	111	105	104

表 2-170 第 2 次发声的基本波数

マ	レ	シ	ア
104	116	107	90

表 2-171 第 3 次发声的基本波数

マ	レ	シ	ア
105	116	107	89

(4) 受试者 04

图 2-58 所示的是受试者 04 的 3 次语音数据。从第 1 次发声(左侧)到第 3 次发声(右侧)分节音没有太大的问题,但在音调模式上,第 1 次和第 2 次的发声最自然,呈/M-HM-M-L/型,而第 3 次变成了/M-H-H-L/型,非常不自然。该受试者在 3 次发声中没有进步趋势,并且完全没有掌握长音的节拍感。

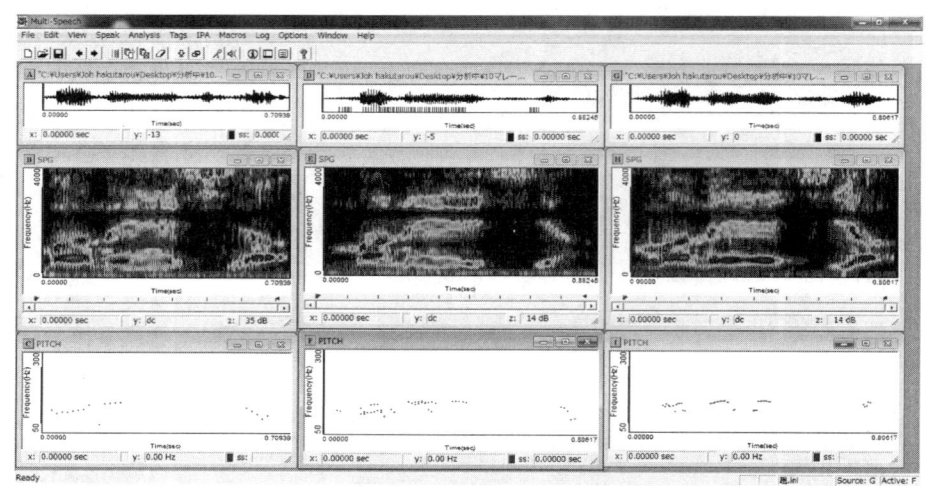

图 2-58 「マレーシア」04

如果将以上所述的各个音节的基本波数数值化,则如表 2-172、2-173、2-174 所示(单位:Hz)。

表 2-172 第 1 次发声的基本波数

マ	レー	シ	ア
121	160	144	110

表 2-173 第 2 次发声的基本波数

マ	レー	シ	ア
121	152	119	87

表 2-174 第 3 次发声的基本波数

マ	レー	シ	ア
111	152	125	98

(5) 受试者 05

图 2-59 所示的是受试者 05 的 3 次语音数据。在第 1 次发声(左侧)时,对每个音进行拾音,音调模式呈/M-M-H-L/型的不自然类型。但是,在第 2 次发声(中)时,虽然音调模式没有变化,却更加流畅,能看到进步的迹象。第 3 次的发声(右侧)最接近自然的日语,音调模式是/M-H-H-L/,虽然并非最标准的音调,流畅度却最好。

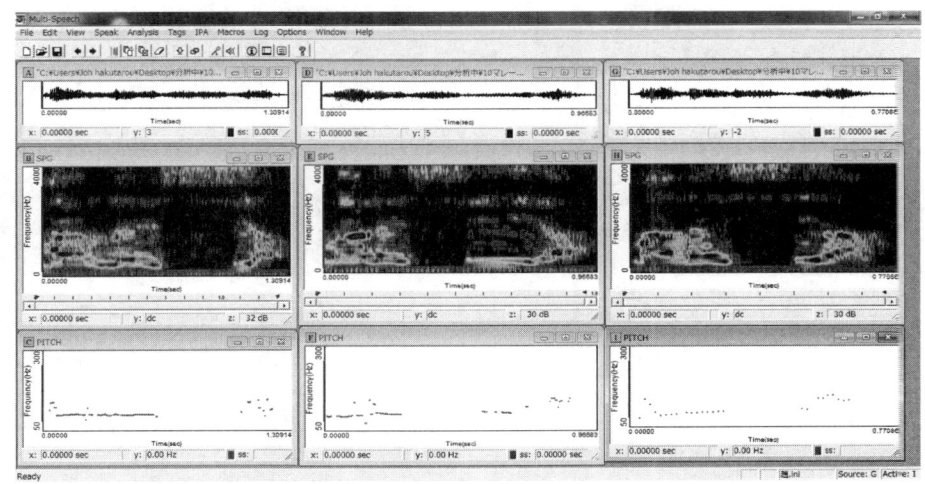

图 2-59 「マレーシア」05

如果将以上所述的各个音节的基本波数数值化，则如表 2-175、2-176、2-177 所示（单位：Hz）。

表 2-175　第 1 次发声的基本波数

マ	レー	シ	ア
201	200	221	106

表 2-176　第 2 次发声的基本波数

マ	レー	シ	ア
186	194	176	133

表 2-177　第 3 次发声的基本波数

マ	レー	シ	ア
173	198	212	163

（6）受试者 06

图 2-60 所示的是受试者 06 的 3 次语音数据。从第 1 次发声（左侧）到第 3 次发声（右侧），音调模式全部为/M-H-M-L/型，接近正确的音调模式。但是，在所有的发声中都没有掌握促音。

而且，在分节音的水平上，最后音节［シャ］只有第 1 次被自然调音，在第 2 次和第 3 次中都被分割成［シ・ヤ］两个音节，反而变成了不自然的音调。

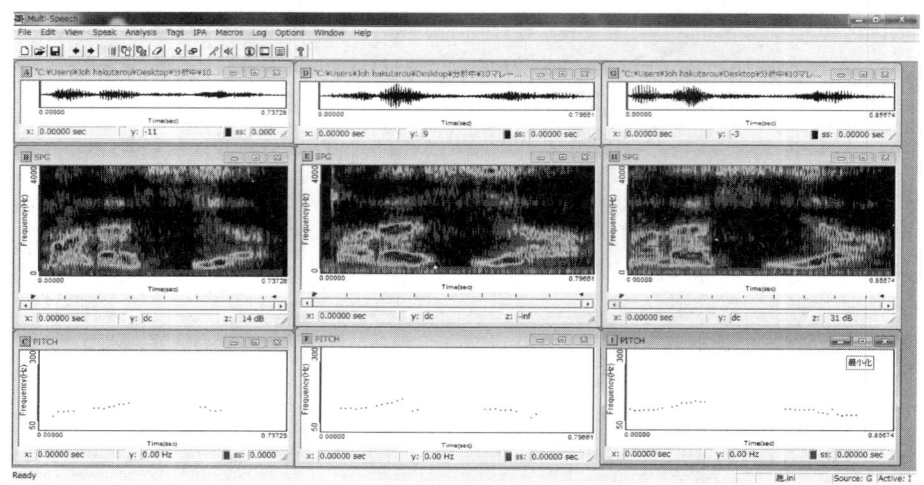

图 2-60 「マレーシア」06

如果将以上所述的各个音节的基本波数数值化，则如表 2-178、2-179、2-180 所示（单位：Hz）。

表 2-178　第 1 次发声的基本波数

マ	レー	シ	ア
114	133	125	105

表 2-179　第 2 次发声的基本波数

マ	レー	シ	ア
99	121	148	120

表 2-180　第 3 次发声的基本波数

マ	レー	シ	ア
113	137	116	98

11.「ゆっくり」

（1）受试者 01

图 2-61 所示的是受试者 01 的 3 次语音数据。第 1 次发声（左侧）似乎是逐字发音，音调模式是 /M-H-M/ 型，分节音是 [ユーク・リ]，听起来很不自然。

第 2 次（中）的音调模式呈 /M-H-H/ 型，平淡且不自然。但是，第 3 次发声（右侧）的音调模式为 /L-H-M/，与自然的日语相同，而且也掌握了促音，所以是自然的音调。

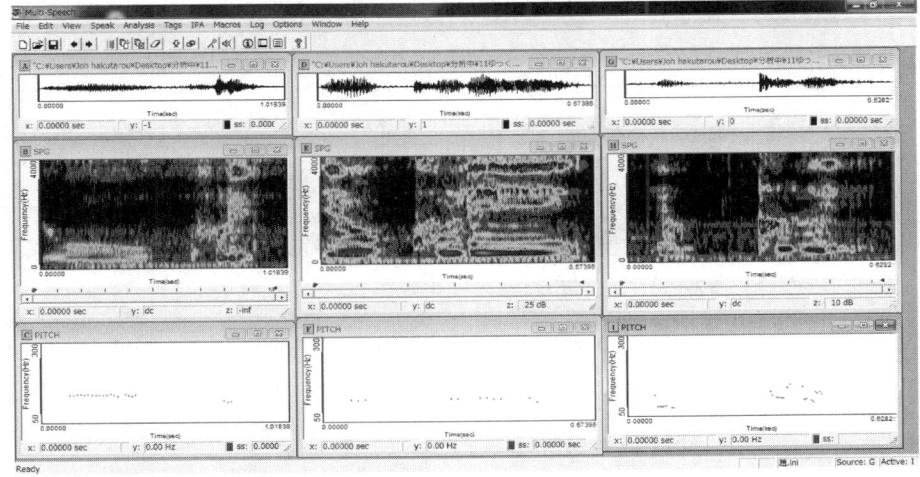

图 2-61 「ゆっくり」01

如果将以上所述的各个音节的基本波数数值化，则如表 2-181、2-182、2-183 那样（单位：Hz）。

表 2-181　第 1 次发声的基本波数

ゆっ	く	り
137	219	173

表 2-182　第 2 次发声的基本波数

ゆっ	く	り
155	179	171

表 2-183　第 3 次发声的基本波数

ゆっ	く	り
166	211	179

（2）受试者 02

图 2-62 所示的是受试者 02 的 3 次语音数据。第 1 次（左侧）和第 3 次发声（右侧）的音调模式为/L-H-M/，略微接近自然的日语。但是，在第 2 次中，是以/M-M-M/的平板型音调模式进行调音的，可以看出该受试者的音调水平不稳定，并且也没有掌握促音的节拍感。

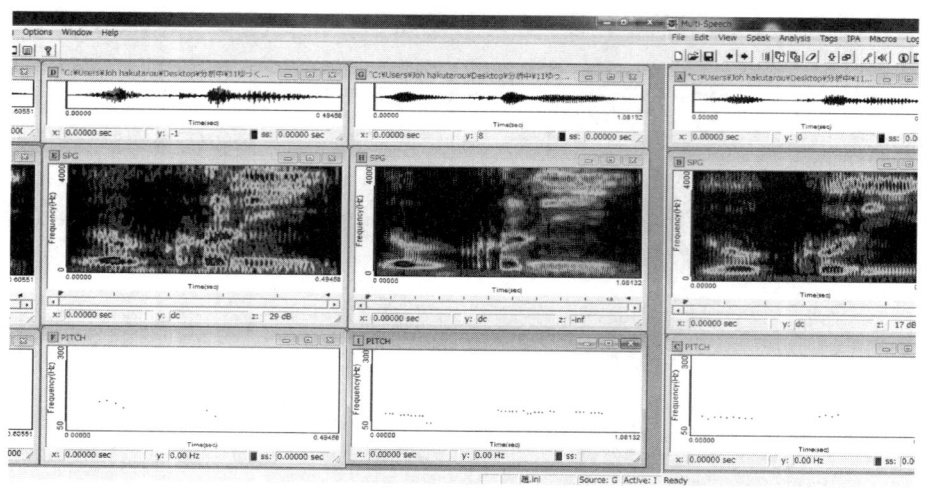

图 2-62 「ゆっくり」02

如果将以上所述的各个音节的基本波数数值化,则如表 2-184、2-185、2-186 所示(单位:Hz)。

表 2-184　第 1 次发声的基本波数

ゆっ	く	り
106	130	125

表 2-185　第 2 次发声的基本波数

ゆっ	く	り
109	114	119

表 2-186　第 3 次发声的基本波数

ゆっ	く	り
105	142	111

(2) 受试者 03

图 2-63 所示的是受试者 03 的 3 次语音数据。第 1 次(左侧)和第 2 次(中)发声的音调模式为/M-H-H/型,平淡而不自然,但有促音的节拍感。

第 3 次发声(右侧)的音调模式变成了/M-HM-L/型,接近自然的日语。

第 2 章 实　验　　81

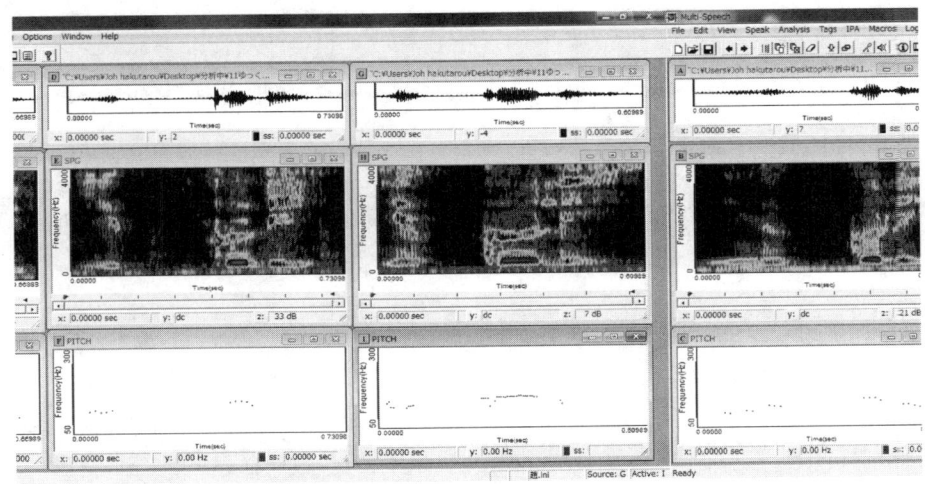

图 2-63　「ゆっくり」03

如果将以上所述的各个音节的基本波数数值化，则如表 2-187、2-188、2-189 那样（单位：Hz）。

表 2-187　第 1 次发声的基本波数

ゆっ	く	り
109	114	114

表 2-188　第 2 次发声的基本波数

ゆっ	く	り
108	166	172

表 2-189　第 3 次发声的基本波数

ゆっ	く	り
114	152	102

（4）受试者 04

图 2-64 所示的是受试者 04 的 3 次语音数据。从第 1 次发声（左侧）到第 3 次发声（右侧），其音调都是自然的日语。可以看出，该受试者从一开始就达到了一定的水平，之后没有因反复发声而进步。

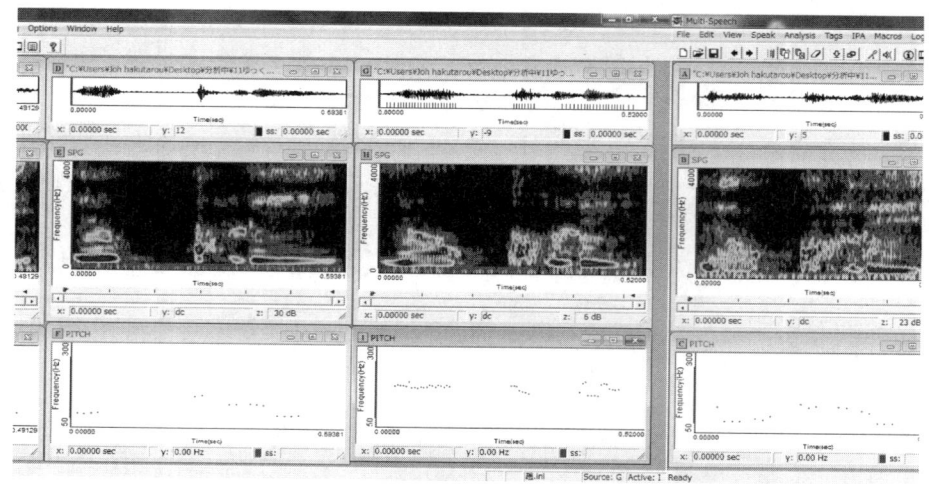

图 2-64 「ゆっくり」04

如果将以上所述的各个音节的基本波数数值化,则如表 2-190、2-191、2-192 所示(单位:Hz)。

表 2-190　第 1 次发声的基本波数

ゆっ	く	り
100	139	118

表 2-191　第 2 次发声的基本波数

ゆっ	く	り
118	144	104

表 2-192　第 3 次发声的基本波数

ゆっ	く	り
120	147	123

(5) 受试者 05

图 2-65 所示的是受试者 05 的 3 次语音数据。第 1 次发声(左侧)和第 2 次(中)发声的音调模式为/M-M-M/的平板型,很不自然。但是,第 3 次的发声(右侧)的音调模式变成了/L-H-L/,很好地掌握了自然的日语音调。

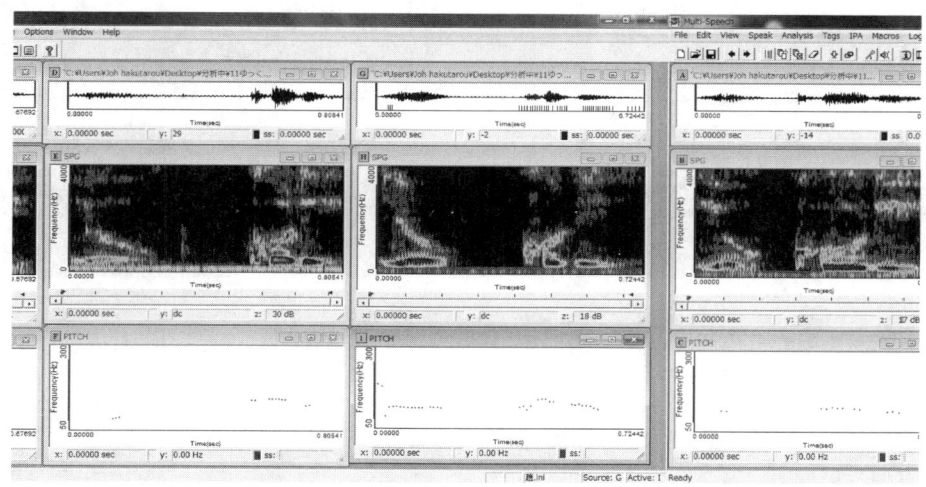

图 2-65 「ゆっくり」05

如果将以上所述的各个音节的基本波数数值化，则如表 2-192、2-193、2-194 所示（单位：Hz）。

表 2-193　第 1 次发声的基本波数

ゆっ	く	り
172	176	172

表 2-194　第 2 次发声的基本波数

ゆっ	く	り
182	183	181

表 2-195　第 3 次发声的基本波数

ゆっ	く	り
175	223	179

（6）受试者 06

图 2-66 所示的是受试者 06 的 3 次语音数据。从第 1 次发声（左侧）到第 3 次发声（右侧）的最显著特征是发声速度参差不齐。具体来说，在第 2 次发音中，第一音节长达 530ms，相当于第一音节（278ms）约 2 倍的长度，或相当于第三音节（383ms）约 1.4 倍的长度。音调模式在第 1 次较为平淡，增强了不自然感。

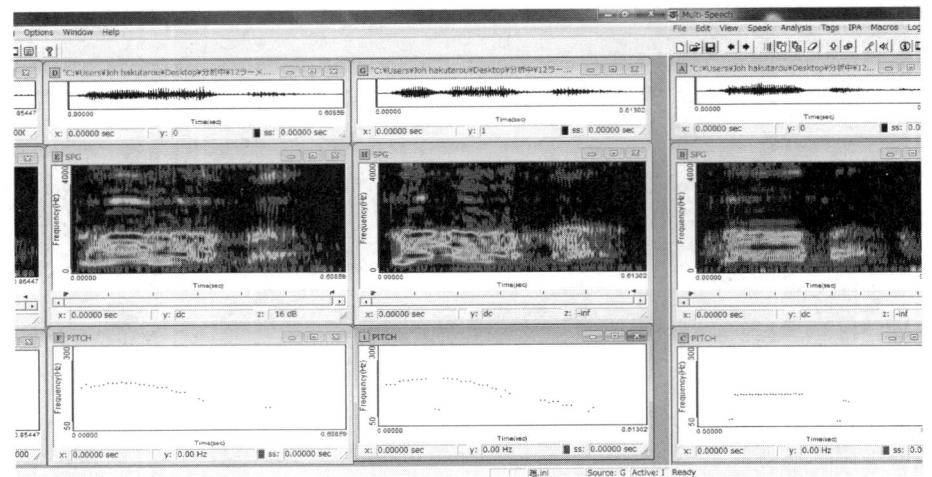

图 2-66 「ゆっくり」06

如果将以上所述的各个音节的基本波数数值化,则如表 2-195、2-196、2-197 所示(单位: Hz)。

表 2-196　第 1 次发声的基本波数

ゆっ	く	り
114	125	115

表 2-197　第 2 次发声的基本波数

ゆっ	く	り
111	145	121

表 2-198　第 3 次发声的基本波数

ゆっ	く	り
113	230	122

12.「ラーメン」

(1) 受试者 01

图 2-67 所示的是受试者 01 的 3 次语音数据。第 1 次发声(左侧)的音调模式为/H-L/,很不自然。但是,第 2 次(中)和第 3 次发声(右侧)的音调模式变为/HM-L/,是自然的日语音调。另外,在节拍感上,3 次发声都以音节为单位进行分节,没有掌握长音和拨音。

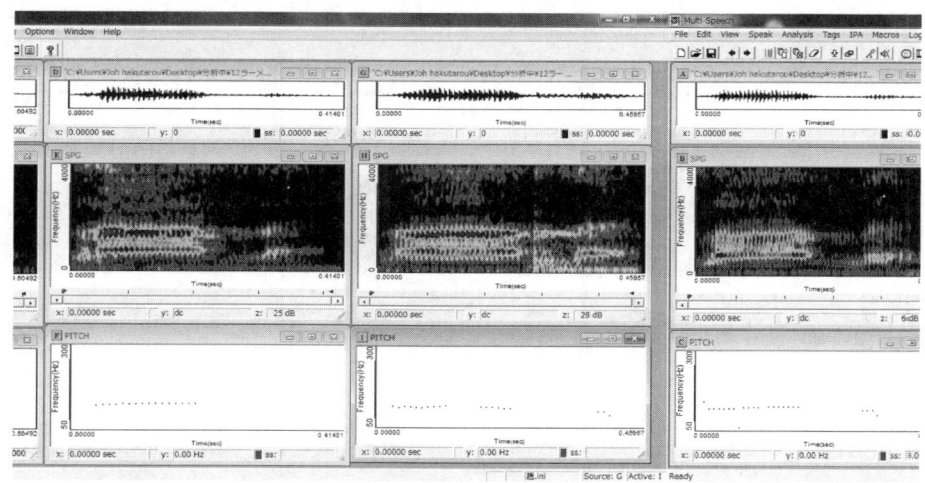

图 2-67 「ラーメン」01

如果将以上所述的各个音节的基本波数数值化,则如表 2-199、2-200、2-201 所示(单位:Hz)。

表 2-199 第 1 次发声的基本波数

ラー	メン
151	134

表 2-200 第 2 次发声的基本波数

ラー	メン
193	132

表 2-201 第 3 次发声的基本波数

ラー	メン
202	114

(2) 受试者 02

图 2-68 所示的是受试者 02 的 3 次语音数据。第 1 次发声(左侧)和第 2 次发声(右侧)的音调模式为/H-L/,没有形成下降音调。但在第 3 次变得更糟,几乎是以/M-M/的平板型音调模式进行调音的,并且没有掌握长音和拨音。

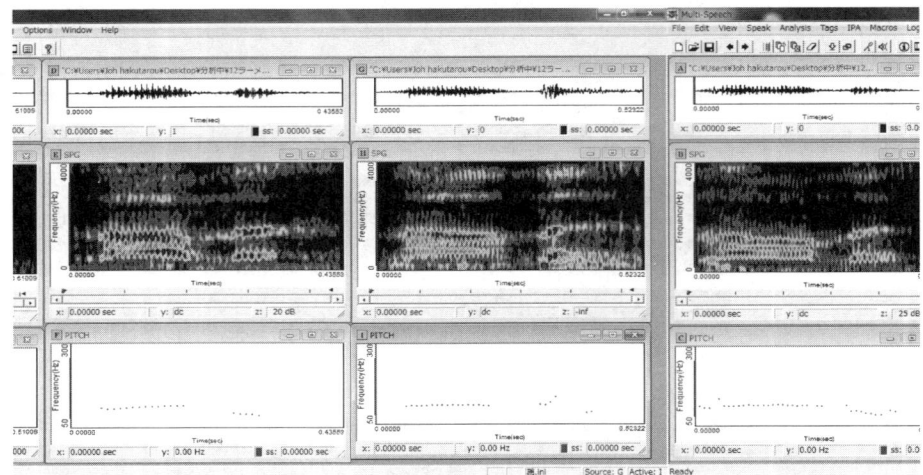

图 2-68 「ラーメン」02

如果将以上所述的各个音节的基本波数数值化，则如表 2-202、2-203、2-204 所示（单位：Hz）。

表 2-202　第 1 次发声的基本波数

ラー	メン
125	115

表 2-203　第 2 次发声的基本波数

ラー	メン
129	116

表 2-204　第 3 次发声的基本波数

ラー	メン
117	112

（3）受试者 03

图 2-69 所示的是受试者 03 的 3 次语音数据。从第 1 次（左侧）到第 3 次发声（右侧），音调模式全部为／H-L／。但是，由于没有充分捕捉到长音和拨音的节拍感，整体上音调很不自然。

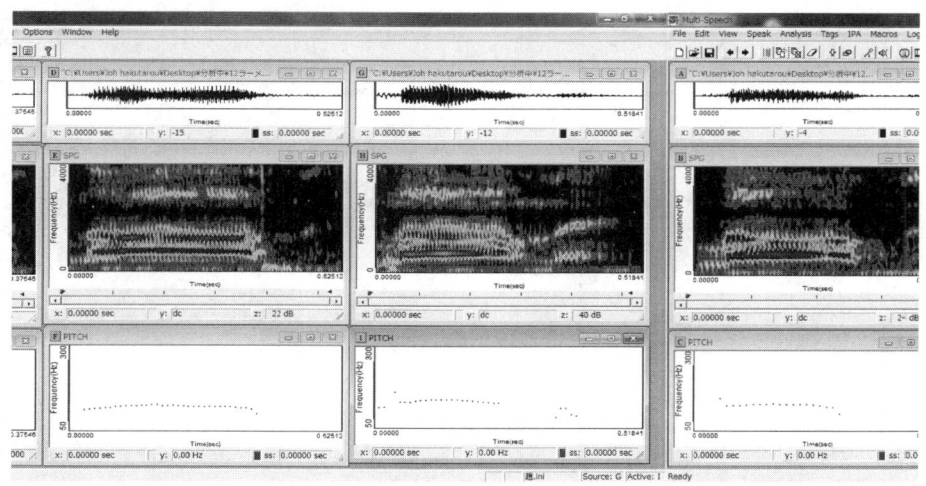

图 2-69 「ラーメン」03

如果将以上所述的各个音节的基本波数数值化,则如表 2-205、2-206、2-207 所示（单位：Hz）。

表 2-205　第 1 次发声的基本波数

ラー	メン
159	119

表 2-206　第 2 次发声的基本波数

ラー	メン
115	92

表 2-207　第 3 次发声的基本波数

ラー	メン
111	87

（4）受试者 04

图 2-70 所示的是受试者 04 的 3 次语音数据。第 1 次发声（左侧）和第 3 次发声（右侧）的音调模式为/HM-L/,接近自然的日语。但是,第 2 次变成了/H-L/,很不自然。总之,该受试者的音调使用水平是不稳定的。

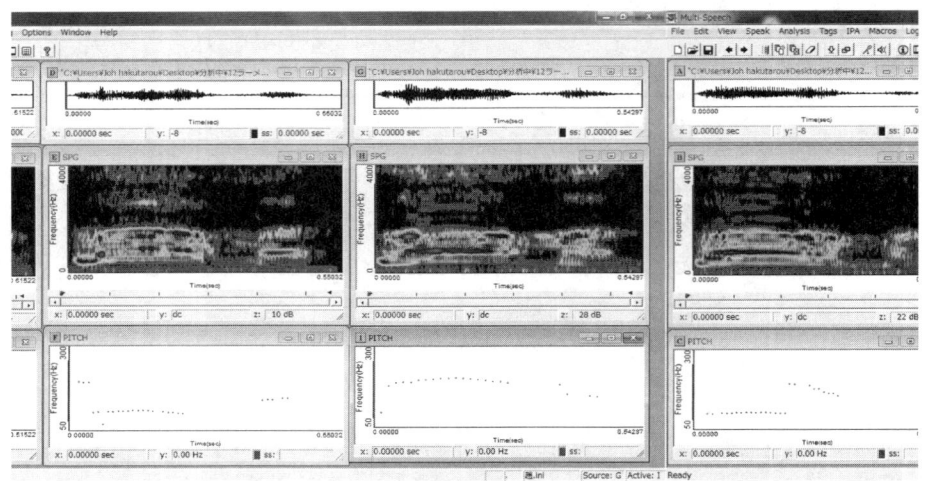

图 2-70　「ラーメン」04

如果将以上所述的各个音节的基本波数数值化，则如表 2-208、2-209、2-210 所示（单位：Hz）。

表 2-208　第 1 次发声的基本波数

ラー	メン
135	123

表 2-209　第 2 次发声的基本波数

ラー	メン
127	119

表 2-210　第 3 次发声的基本波数

ラー	メン
139	93

（5）受试者 05

图 2-71 所示的是受试者 05 的 3 次语音数据。第 1 次的发声（左侧）的音调模式是/HL-M/这种先下降再次上升的不自然类型。但是，第 2 次（中）和第 3 次的发声（右侧）变成了/HM-L/型，是自然的日语音调。

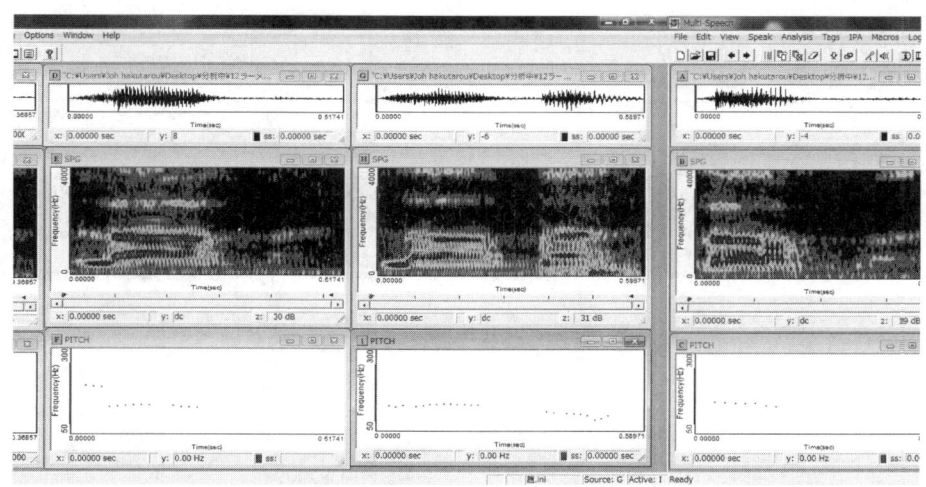

图 2-71 「ラーメン」05

如果将以上所述的各个音节的基本波数数值化,则如表 2-211、2-212、2-213 所示(单位:Hz)。

表 2-211　第 1 次发声的基本波数

ラー	メン
206	165

表 2-212　第 2 次发声的基本波数

ラー	メン
218	142

表 2-213　第 3 次发声的基本波数

ラー	メン
203	145

(6) 受试者 06

图 2-72 所示的是受试者 06 的 3 次语音数据。第 1 次发声(左侧)和第 2 次发声(正中)的音调模式为/HM-L/型,接近自然的日语音调,但在第 3 次的发声(右侧)中转变为/H-L/型。

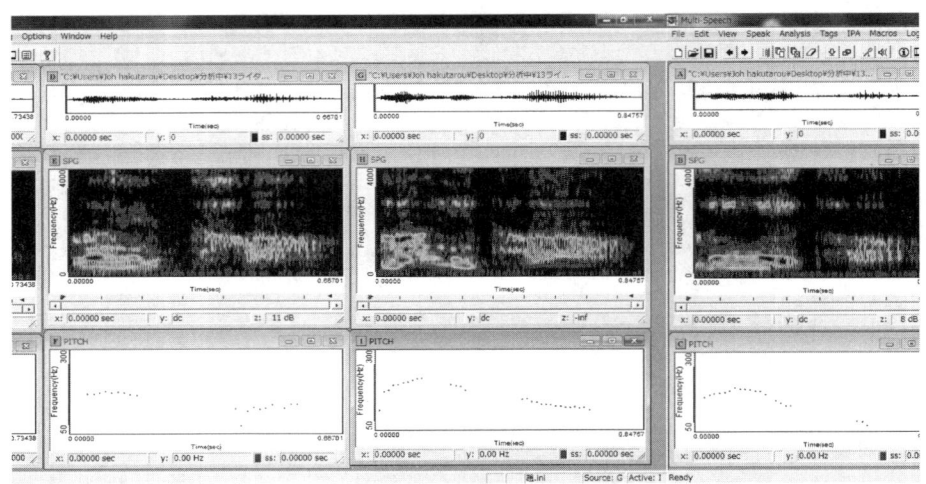

图 2-72 「ラーメン」06

如果将以上所述的各个音节的基本波数数值化，则如表 2-214、2-215、2-216 所示（单位：Hz）。

表 2-214　第 1 次发声的基本波数

ラー	メン
148	105

表 2-215　第 2 次发声的基本波数

ラー	メン
137	93

表 2-216　第 3 次发声的基本波数

ラー	メン
134	103

13.「ライター」

（1）受试者 01

图 2-73 所示的是受试者 01 的 3 次语音数据。从第 1 次发声（左侧）到第 3 次发声（右侧），音调模式全部为/HM-L/型，是自然的日语。但是，在第 1 次发声的分节音中，将第一音节的［ライ］误读为［ルエ］，从第 2 次开始就变成了正确的音调，最终在第 3 次的调音中变成了最自然的日语音调。

第 2 章 实　验 91

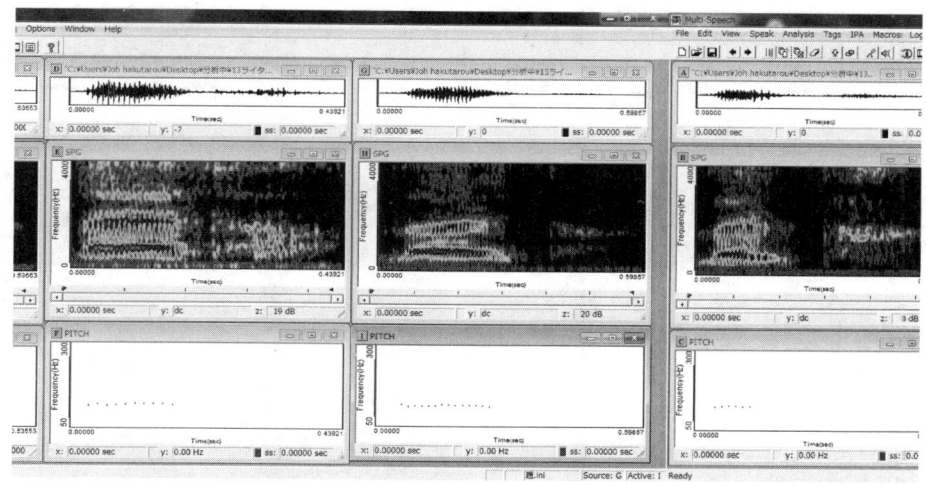

图 2-73　「ライター」01

如果将以上所述的各个音节的基本波数数值化，则如表 2-217、2-218、2-219 所示（单位：Hz）。

表 2-217　第 1 次发声的基本波数

ライ	ター
184	89

表 2-218　第 2 次发声的基本波数

ライ	ター
176	124

表 2-219　第 3 次发声的基本波数

ライ	ター
213	121

（2）受试者 02

图 2-74 所示的是受试者 02 的 3 次语音数据。从第 1 次发声（左侧）到第 3 次发声（右侧），音调模式全部为/HM-L/型，作为下降音调的类型并不那么不自然。在分节音的调音中，特别是第二音节的［ター］是用带气音调音的，这一点到最后都没有得到改善，音调不自然。

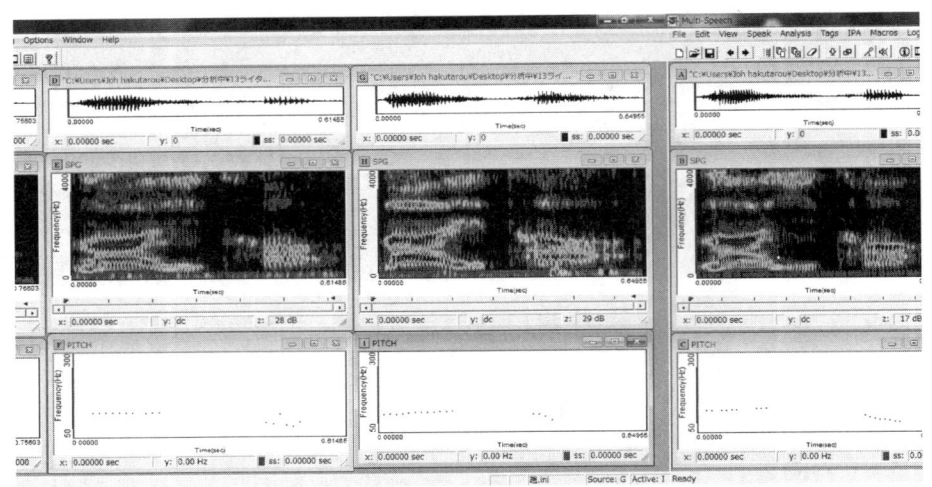

图 2-74 「ライター」02

如果将以上所述的各个音节的基本波数数值化,则如表 2-220、2-221、2-222 所示(单位：Hz)。

表 2-220　第 1 次发声的基本波数

ライ	ター
128	105

表 2-221　第 2 次发声的基本波数

ライ	ター
124	114

表 2-222　第 3 次发声的基本波数

ライ	ター
140	118

(3) 受试者 03

图 2-75 所示的是受试者 03 的 3 次语音数据。从第 1 次(左侧)到第 3 次发声(右侧),音调模式全部为/HM-L/型。但是,第 1 次分节音的［ター］没有被长音化,而是用短元音调音。从第 2 次开始,这一点得到了改善,所以听起来是自然流畅的日语。

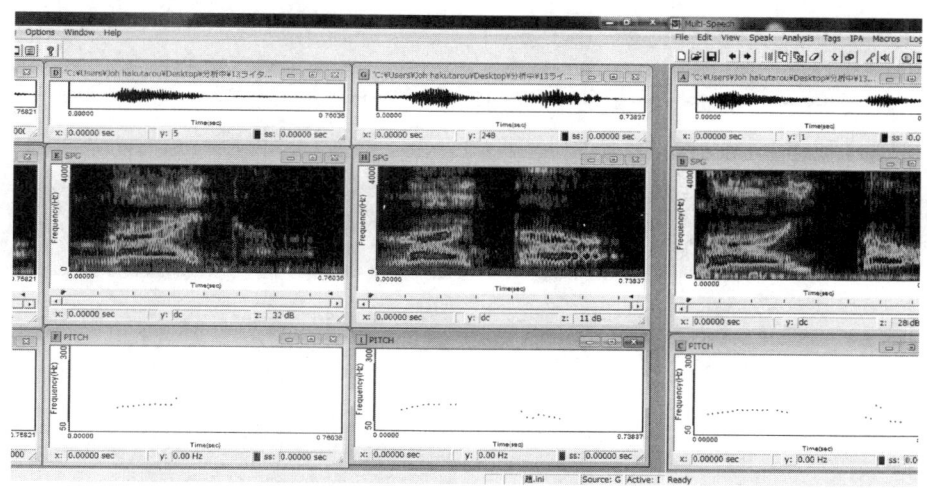

图 2-75 「ライター」03

如果将以上所述的各个音节的基本波数数值化，则如表 2-223、2-224、2-225 所示（单位：Hz）。

表 2-223　第 1 次发声的基本波数

ライ	ター
213	121

表 2-224　第 2 次发声的基本波数

ライ	ター
123	88

表 2-225　第 3 次发声的基本波数

ライ	ター
112	85

（4）受试者 04

图 2-76 所示的是受试者 04 的 3 次语音数据。从第 1 次发声（左侧）到第 3 次发声（右侧），音调模式均为/HM-L/型，接近自然的日语。但是，在分节音的水平上，第 1 次和第 2 次的词头辅音是［ナ］。第 3 次虽然不是［ナ］，但变成了像英语的［l］一样的辅音，不是自然的日语音调。另外，由于第 2 次的［ター］是无声的，所以无法测量其音调。

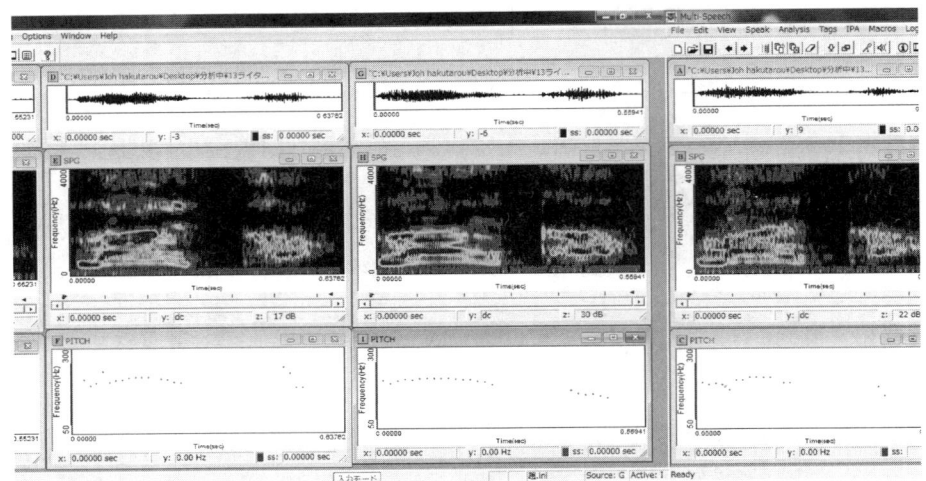

图 2-76 「ライター」04

如果将以上所述的各个音节的基本波数数值化,则如表 2-226、2-227、2-228 所示(单位:Hz)。

表 2-226 第 1 次发声的基本波数

ライ	ター
130	98

表 2-227 第 2 次发声的基本波数

ライ	ター
132	—

表 2-228 第 3 次发声的基本波数

ライ	ター
132	100

(5)受试者 05

图 2-77 所示的是受试者 05 的 3 次语音数据。从第 1 次发声(左侧)到第 3 次发声(右侧),音调模式为/HM-L/型,接近自然的日语。但是,在分节音的水平上,第 1 次的［ター］变成了短元音,第 2 次以后被长音化,接近自然的日语。

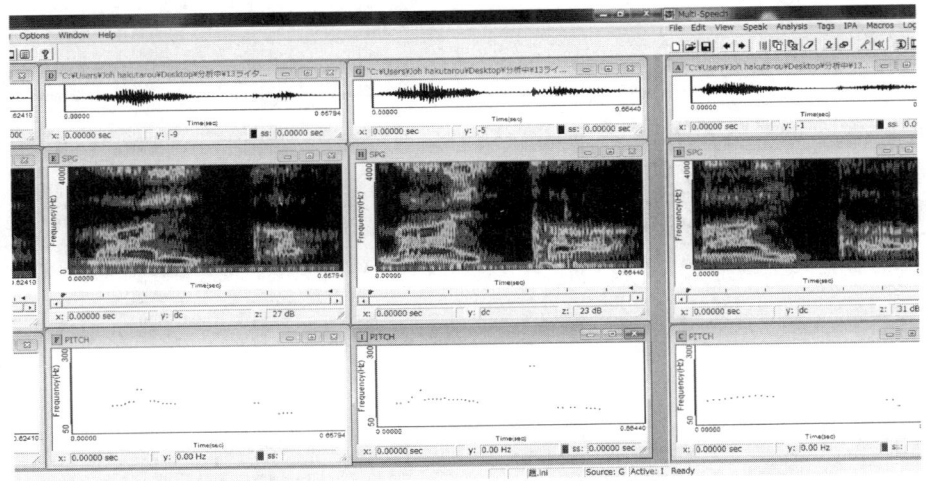

图 2-77 「ライター」05

如果将以上所述的各个音节的基本波数数值化，则如表 2-229、2-230、2-231 所示（单位：Hz）。

表 2-229　第 1 次发声的基本波数

ライ	ター
193	89

表 2-230　第 2 次发声的基本波数

ライ	ター
216	153

表 2-231　第 3 次发声的基本波数

ライ	ター
204	151

（6）受试者 06

图 2-78 所示的是受试者 06 的 3 次语音数据。音调模式从第 1 次发声（左侧）到第 3 次发声（右侧）全部为/HM－L/型，接近自然的日语的音调。但是，在分节音的水平上，只有第 2 次的［ター］变成了短元音，是不自然的日语音调。

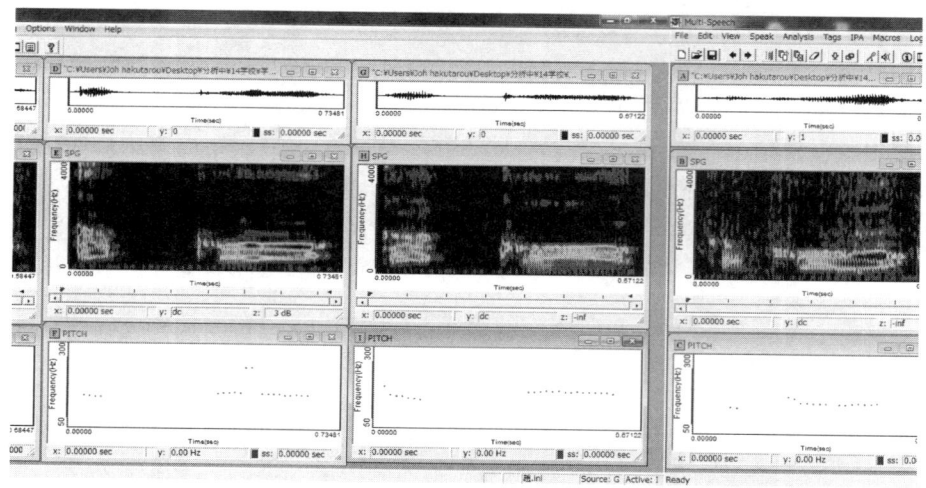

图 2-78 「ライター」06

如果将以上所述的各个音节的基本波数数值化,则如表 2-232、2-233、2-234 所示(单位:Hz)。

表 2-232　第 1 次发声的基本波数

ライ	ター
140	109

表 2-233　第 2 次发声的基本波数

ライ	ター
145	103

表 2-234　第 3 次发声的基本波数

ライ	ター
135	100

14.「学校」

(1) 受试者 01

图 2-79 所示的是受试者 01 的 3 次语音数据。从第 1 次发声(左侧)到第 3 次发声(右侧),音调模式全部为/M-H/型,接近自然的日语。但是,从节拍感来看,第 1 次没有掌握促音的感觉,因此调音变成了[ガコー][1]。但是,第 2 次以后促音也被很好地调音了,变成了自然的日语。

---

[1] 本书统一使用片假名注音。

第 2 章 实 验

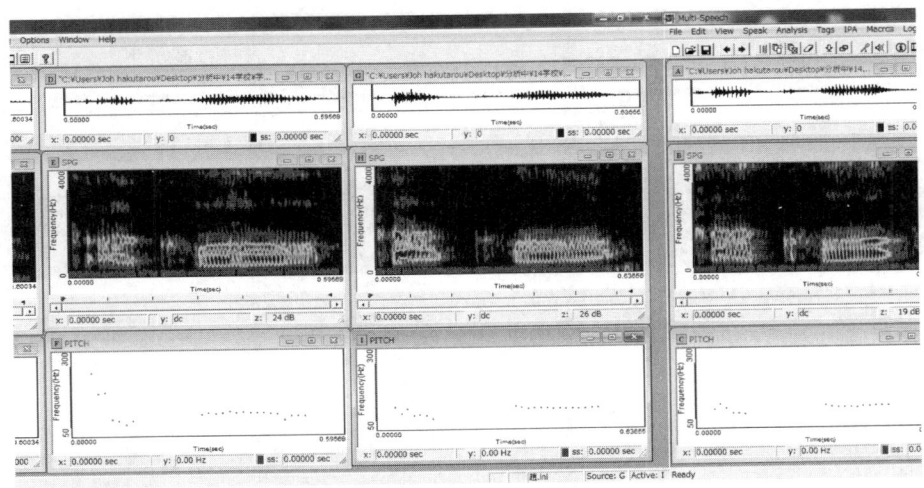

图 2-79 「学校」01

如果将以上所述的各个音节的基本波数数值化，则如表 2-235、2-236、2-237 所示（单位：Hz）。

表 2-235　第 1 次发声的基本波数

ガッ	コー
134	147

表 2-236　第 2 次发声的基本波数

ガッ	コー
145	153

表 2-237　第 3 次发声的基本波数

ガッ	コー
142	164

（2）受试者 02

图 2-80 所示的是受试者 02 的 3 次语音数据。从第 1 次发声（左侧）到第 3 次发声（右侧），音调模式全部为/M-M/型，是平板型。但是，完全没有节拍感，全部读成了［ガコー］，是非常不自然的音调。

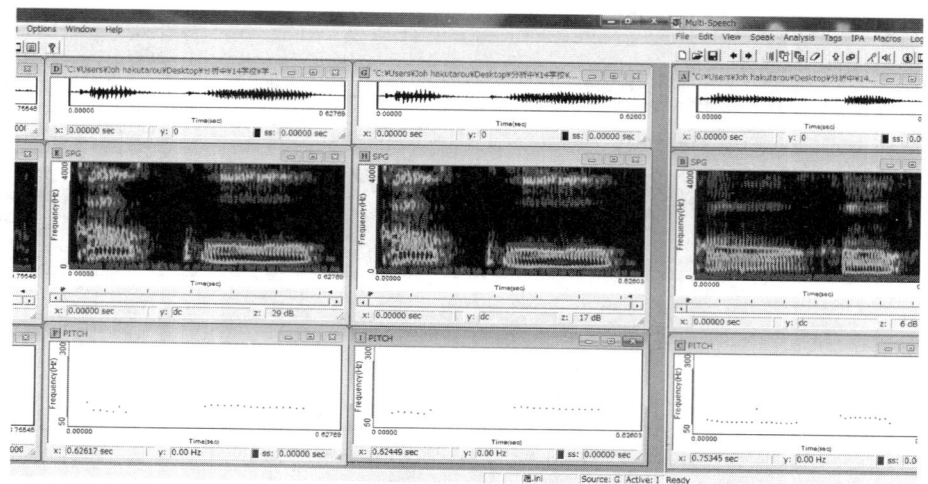

图 2-80 「学校」02

如果将以上所述的各个音节的基本波数数值化，则如表 2-238、2-239、2-240 所示（单位：Hz）。

表 2-238　第一次发声的基本波数

ガッ	コー
110	113

表 2-239　第 2 次发声的基本波数

ガッ	コー
101	119

表 2-240　第 3 次发声的基本波数

ガッ	コー
120	120

（3）受试者 03

图 2-81 所示的是受试者 03 的 3 次语音数据。从第 1 次（左侧）到第 3 次发声（右侧），音调模式全部为 /L-M/ 型，是正确的音调。但是，因为完全没有节拍感，所以全都读成了［ガコー］，是非常不自然的音调。

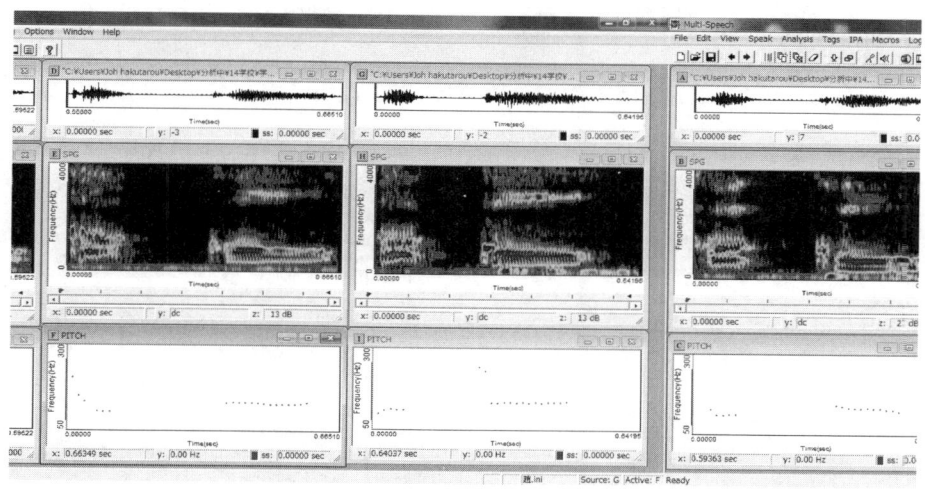

图 2-81　「学校」03

如果将以上所述的各个音节的基本波数数值化，则如表 2-241、2-242、2-243 所示（单位：Hz）。

表 2-241　第 1 次发声的基本波数

ガッ	コー
89	107

表 2-242　第 2 次发声的基本波数

ガッ	コー
98	117

表 2-243　第 3 次发声的基本波数

ガッ	コー
98	116

（4）受试者 04

图 2-82 所示的是受试者 04 的 3 次语音数据。从第 1 次发声（左侧）到第 3 次发声（右侧），音调模式均为/M-H/型，完全没有变化。另外，该受试者很好地捕捉到节拍的感觉，听起来是自然的日语。总之，该受试者从一开始就很擅长使用音调，完全没有看到教育带来的变化。

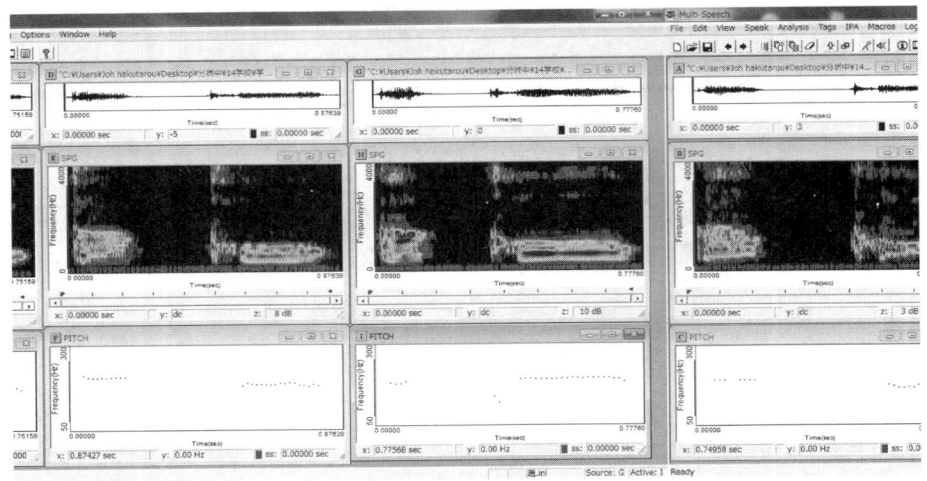

图 2-82 「学校」04

如果将以上所述的各个音节的基本波数数值化，则如表 2-244、2-245、2-246 所示（单位：Hz）。

表 2-244　第 1 次发声的基本波数

ガッ	コー
111	136

表 2-245　第 2 次发声的基本波数

ガッ	コー
108	130

表 2-246　第 3 次发声的基本波数

ガッ	コー
113	137

（5）受试者 05

图 2-83 所示的是受试者 05 的 3 次语音数据。第 1 次发声（左侧）和第 2 次发声（正中）的音调模式为 /H-L/ 型，是不自然的日语。但是，在第 3 次发声（右侧）时变成了 /L-H/ 型，掌握了正确的音调。另外，第 1 次也没能很好地掌握节拍感，但在第 2 次以后就变得熟练了。

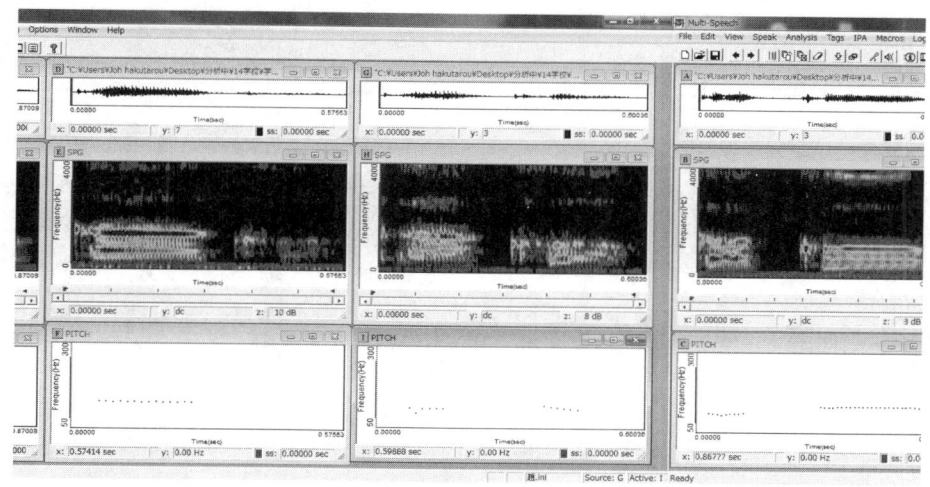

图 2-83 「学校」05

如果将以上所述的各个音节的基本波数数值化，则如表 2-247、2-248、2-249 所示（单位：Hz）。

表 2-247 第 1 次发声的基本波数

ガッ	コー
194	167

表 2-248 第 2 次发声的基本波数

ガッ	コー
206	182

表 2-249 第 3 次发声的基本波数

ガッ	コー
178	192

(6) 受试者 06

图 2-84 所示的是受试者 06 的 3 次语音数据。音调模式从第 1 次发声（左侧）到第 3 次发声（右侧）各不相同。第 1 次是/M-H/型，读成了［ガコー］，也没能抓住元音的长短。第 2 次是/H-L/的音调，读成了［ガッコ］，还是没能抓住元音的长短变化。而且，因为［コ］是无声的，所以不能测量音调。第 3 次终于读成了［ガッコー］，但音调变成了/H-HL/型。因此，该受试者的 3 次发声完全没有起到教学效果。

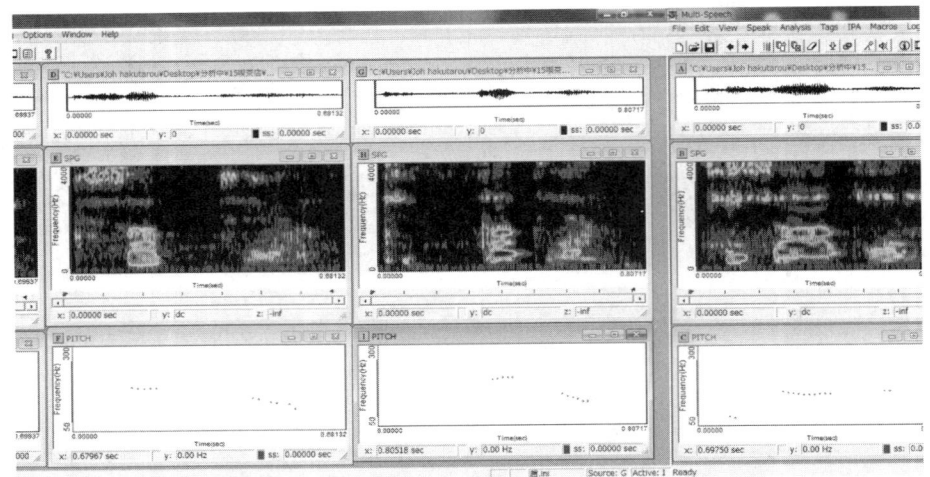

图 2-84　「学校」06

如果将以上所述的各个音节的基本波数数值化，则如表 2-250、2-251、2-252 所示（单位：Hz）。

表 2-250　第 1 次发声的基本波数

ガッ	コー
109	134

表 2-251　第 2 次发声的基本波数

ガッ	コー
131	—

表 2-252　第 3 次发声的基本波数

ガッ	コー
114	114

15.「喫茶店」

（1）受试者 01

图 2-85 所示的是受试者 01 的 3 次语音数据。第 1 次发声（左侧）音调平板化，呈现为/M-H-H/型。另外，没有抓住节拍的感觉，读成了［キサテン］。在第 2 次和第 3 次的发声中，音调模式为/L-H-ML/型，与自然的日语音调相同。但是，由于第 2 次发声没有抓住节拍的感觉，还是读成了［キサテン］。另外，由于第一音节无声化，无法测量音调。

在最后的第 3 次发声中，不仅掌握了正确的音调模式，还掌握了节拍的感

觉，所以变成了［キッサテン］这个正确的音调。但是，由于第一音节无声化，无法测量音调。

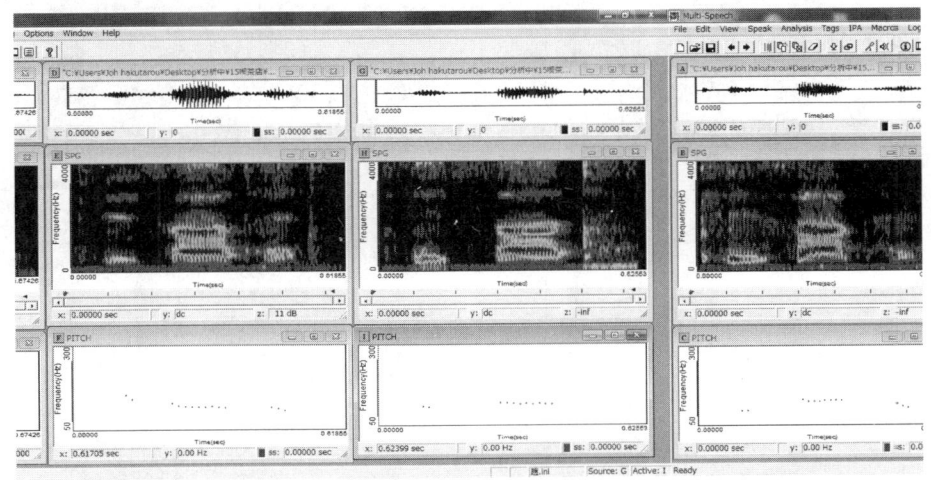

图 2-85 「喫茶店」01

如果将以上所述的各个音节的基本波数数值化，则如表 2-253、2-254、2-255 所示（单位：Hz）。

表 2-253　第一次发声的基本波数

キッ	サ	テン
80	147	157

表 2-254　第 2 次发声的基本波数

キッ	サ	テン
—	175	113

表 2-255　第 3 次发声的基本波数

キッ	サ	テン
—	198	123

（2）受试者 02

图 2-86 所示的是受试者 02 的 3 次语音数据。从第 1 次发声（左侧）到第 3 次发声（右侧），音调模式全部为/M-H-L/型，是不正确的音调。另外，因为完全没有节拍的感觉，所以全部都是［キサテン］，是非常不自然的音调。另外，由于第 3 次发声的最后一个音节是无声的，无法测量音调。

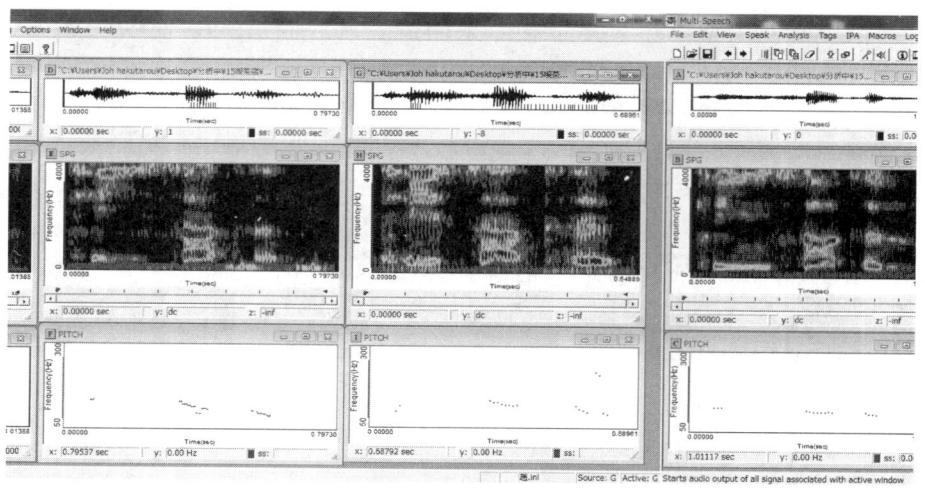

图 2-86 「喫茶店」02

如果将以上所述的各个音节的基本波数数值化，则如表 2-256、2-257、2-258 所示（单位：Hz）。

表 2-256 第 1 次发声的基本波数

キッ	サ	テン
97	129	110

表 2-257 第 2 次发声的基本波数

キッ	サ	テン
155	123	113

表 2-258 第 3 次发声的基本波数

キッ	サ	テン
110	118	—

（3）受试者 03

图 2-87 所示的是受试者 03 的 3 次语音数据。在第 1 次（左侧）和第 3 次发声（右侧）中，音调模式全部为/L-M-M/型，而且没有掌握节拍感，变成了［キーサテン］。但是，在第 3 次发声中，该受试者抓住了节拍的感觉，进行了正确的调音。

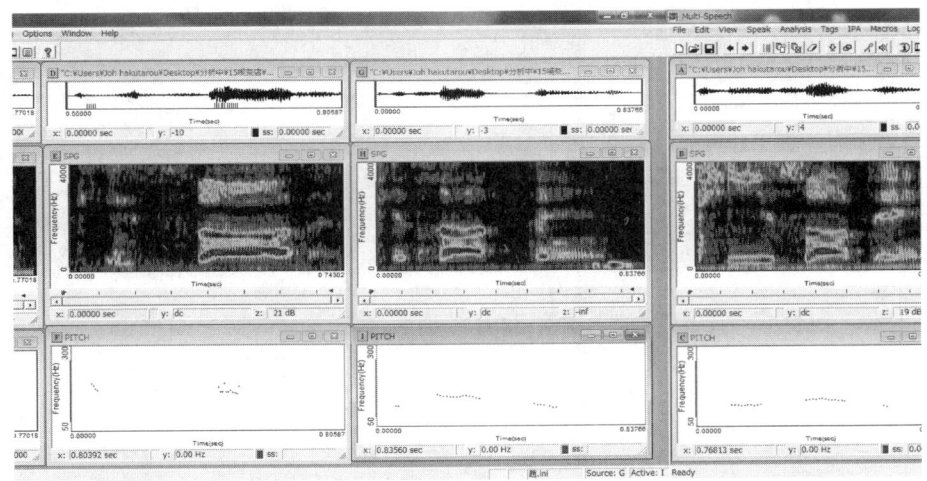

图 2-87　「喫茶店」03

如果将以上所述的各个音节的基本波数数值化，则如表 2-259、2-260、2-261 所示（单位：Hz）。

表 2-259　第 1 次发声的基本波数

キッ	サ	テン
127	114	107

表 2-260　第 2 次发声的基本波数

キッ	サ	テン
134	132	89

表 2-261　第 3 次发声的基本波数

キッ	サ	テン
101	134	104

（4）受试者 04

图 2-88 所示的是受试者 04 的 3 次语音数据。从第 1 次发声（左侧）到第 3 次发声（右侧），音调模式为/M-H-L/型，完全没有变化。另外，受试者没有捕捉到节拍的感觉，变成了［キサーテン］这种不自然的音调。

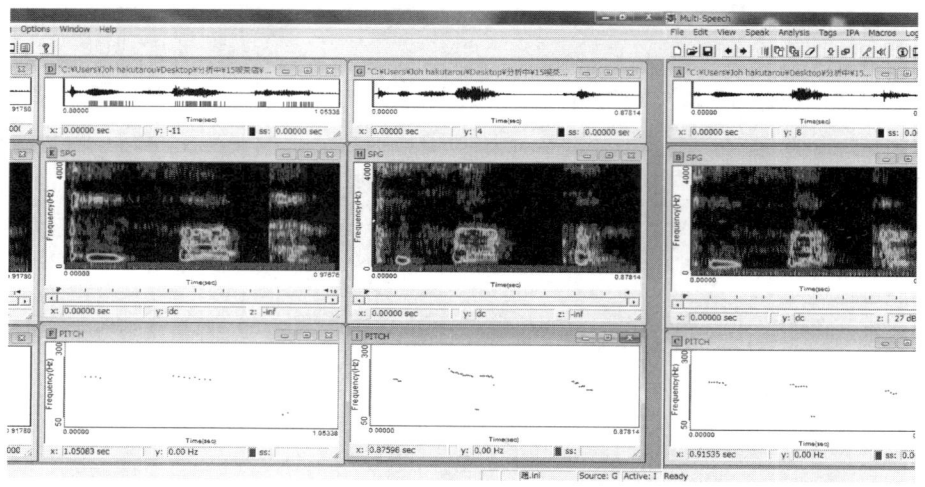

图 2-88 「喫茶店」04

如果将以上所述的各个音节的基本波数数值化，则如表 2-262、2-263、2-264 所示（单位：Hz）。

表 2-262　第一次发声的基本波数

キッ	サ	テン
116	133	114

表 2-263　第 2 次发声的基本波数

キッ	サ	テン
185	168	—

表 2-264　第 3 次发声的基本波数

キッ	サ	テン
113	140	115

（5）受试者 05

图 2-89 所示的是受试者 05 的 3 次语音数据。第 1 次发声（左侧）是 /M-H-HL/ 这种不自然的音调，而且完全没有掌握节拍的感觉。但是，从第 2 次开始就掌握了促音的感觉，音调模式也变成了 /M-H-ML/ 这种正确的类型。

另外，在重音词典中，作为代表形记载平板型的 /M-H-H/ 音调，在实际的发声中，末尾起第二个音节中也并用有核的音调。但是，在这种情况下，将词头的［キ］无声化，在自然的日语音调中是很普遍的。

第 2 章 实 验

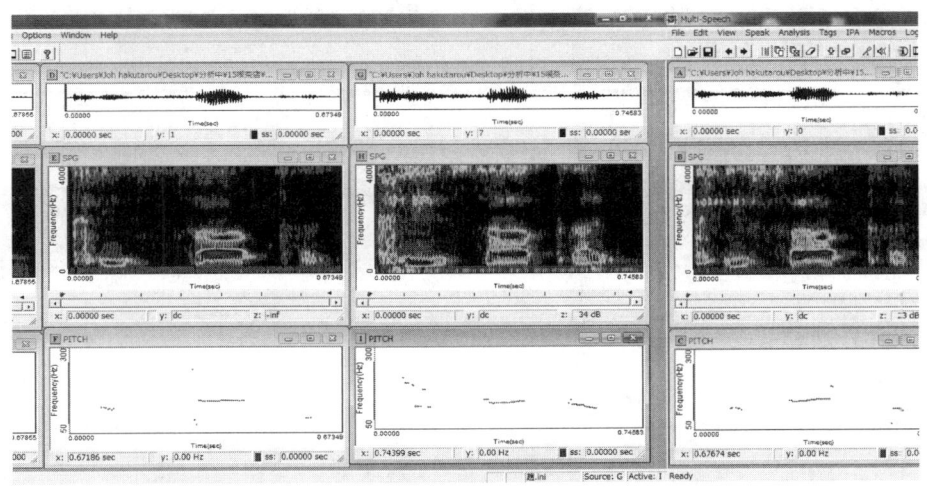

图 2-89 「喫茶店」05

如果将以上所述的各个音节的基本波数数值化，则如表 2-265、2-266、2-267 所示（单位：Hz）。

表 2-265 第 1 次发声的基本波数

キッ	サ	テン
200	189	177

表 2-266 第 2 次发声的基本波数

キッ	サ	テン
200	198	91

表 2-267 第 3 次发声的基本波数

キッ	サ	テン
194	228	165

(6) 受试者 06

图 2-90 所示的是受试者 06 的 3 次语音数据。从第 1 次发声（左侧）到第 3 次发声（右侧），所有的音调模式都是/M-H-L/型，是不自然的日语。另外，受试者完全没有掌握拍的感觉，变成了［キサテン］这种不自然的音调。

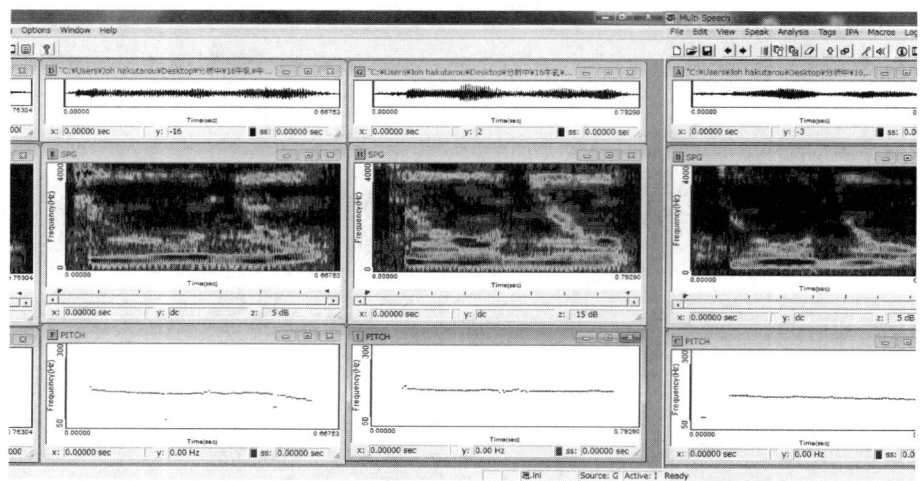

图 2-90 「喫茶店」06

如果将以上所述的各个音节的基本波数数值化，则如表 2-268、2-269、2-270 所示（单位：Hz）。

表 2-268　第 1 次发声的基本波数

キッ	サ	テン
119	147	115

表 2-269　第 2 次发声的基本波数

キッ	サ	テン
122	145	94

表 2-270　第 3 次发声的基本波数

キッ	サ	テン
121	130	122

16.「牛乳」

（1）受试者 01

图 2-91 所示的是受试者 01 的 3 次语音数据。第 1 次发声（左侧）的音调模式为平板型的/MH-HH/。但是，第 2 次发声（正中）的音调模式变成了/MH-HL/型，是不自然的日语。但是，第 3 次发声（右侧）再次变成平板型的/MH-HH/，改善为自然的日语音调。

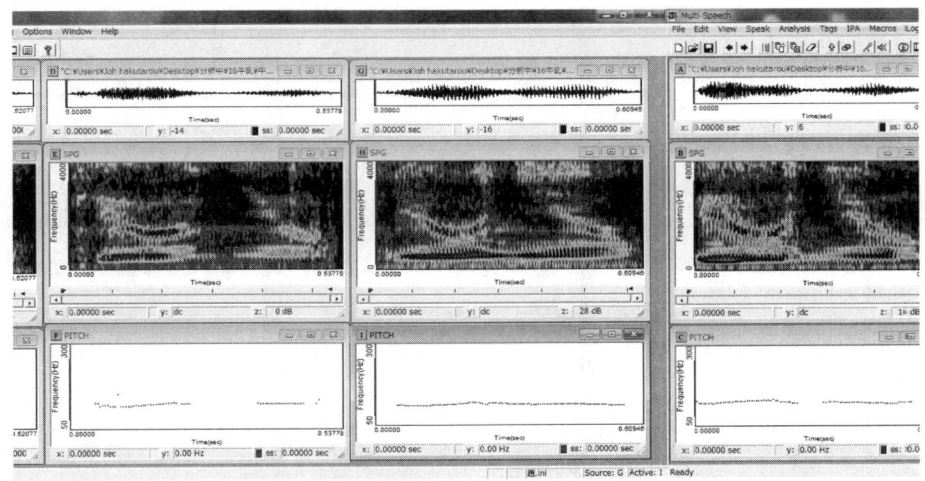

图 2-91　「牛乳」01

如果将以上所述的各个音节的基本波数数值化，则如表 2-271、2-272、2-273 所示（单位：Hz）。

表 2-271　第 1 次发声的基本波数

ギュー	ニュー
155	155

表 2-272　第 2 次发声的基本波数

ギュー	ニュー
158	140

表 2-273　第 3 次发声的基本波数

ギュー	ニュー
164	160

（2）受试者 02

图 2-92 所示的是受试者 02 的 3 次语音数据。从第 1 次发声（左侧）到第 3 次发声（右侧），音调模式全部为/MH-HH/型，是正确的。但是，由于［ギュ］的调音不稳定，都与［グ］相近，与自然的日语相比，多少有些差距。

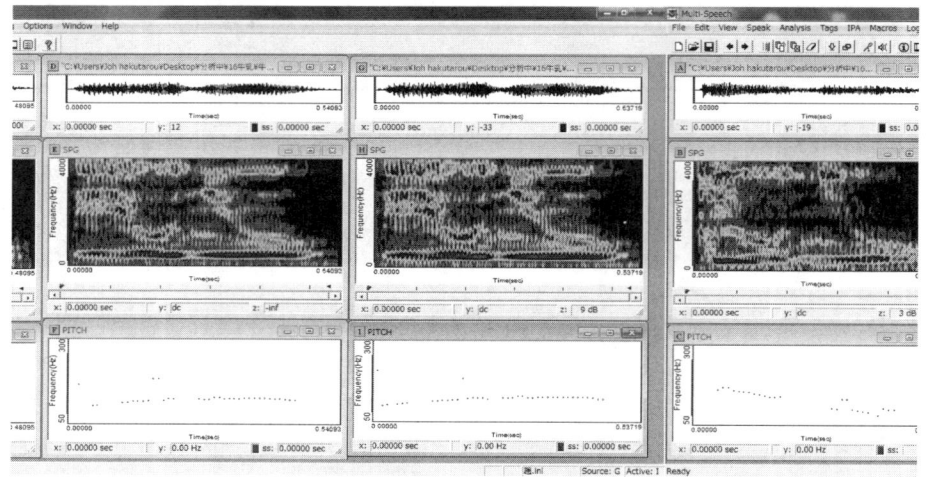

图 2-92　「牛乳」02

如果将以上所述的各个音节的基本波数数值化，则如表 2-274、2-275、2-276 所示（单位：Hz）。

表 2-274　第 1 次发声的基本波数

ギュー	ニュー
128	121

表 2-275　第 2 次发声的基本波数

ギュー	ニュー
122	126

表 2-276　第 3 次发声的基本波数

ギュー	ニュー
112	114

（3）受试者 03

图 2-93 所示的是受试者 03 的 3 次语音数据。第 1 次发声（左侧）的音调模式为/HM-LL/型。但是，在第 2 次（正中）和第 3 次发声（右侧）中，变为/MH-HH/型这种正确的音调。

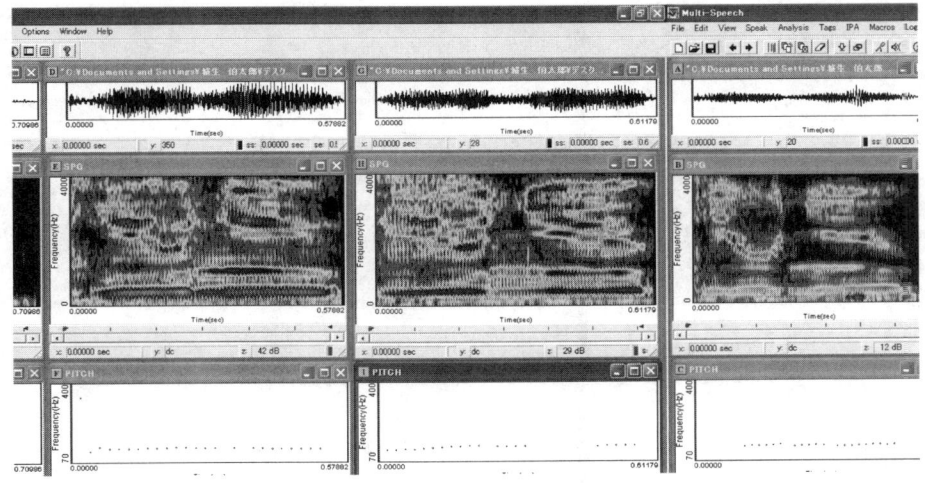

图 2-93　「牛乳」03

如果将以上所述的各个音节的基本波数数值化，则如表 2-277、2-278、2-279 所示（单位：Hz）。

表 2-277　第 1 次发声的基本波数

ギュー	ニュー
168	99

表 2-278　第 2 次发声的基本波数

ギュー	ニュー
105	126

表 2-279　第 3 次发声的基本波数

ギュー	ニュー
107	126

（4）受试者 04

图 2-94 所示的是受试者 04 的 3 次语音数据。从第 1 次发声（左侧）到第 3 次发声（右侧），音调模式均为平板型的/HH-HH/，完全没有变化。总之，教学效果甚微。

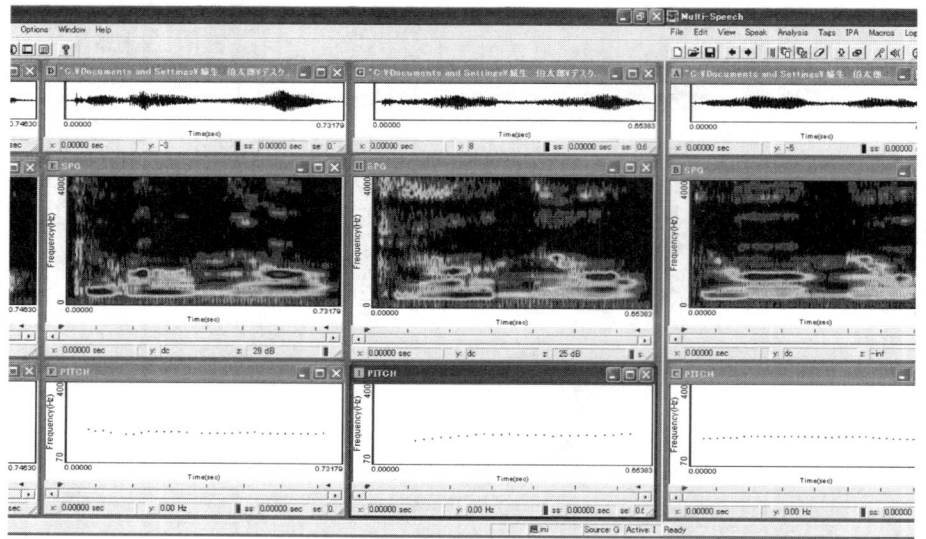

图 2-94 「牛乳」04

如果将以上所述的各个音节的基本波数数值化，则如表 2-280、2-281、2-282 所示（单位：Hz）。

表 2-280　第 1 次发声的基本波数

ギュー	ニュー
134	133

表 2-281　第 2 次发声的基本波数

ギュー	ニュー
131	130

表 2-282　第 3 次发声的基本波数

ギュー	ニュー
127	136

（5）受试者 05

图 2-95 所示的是受试者 05 的 3 次语音数据。从第 1 次发声（左侧）到第 3 次发声（右侧），音调模式均为/MH-HH/这种自然的类型，是正确的日语音调。

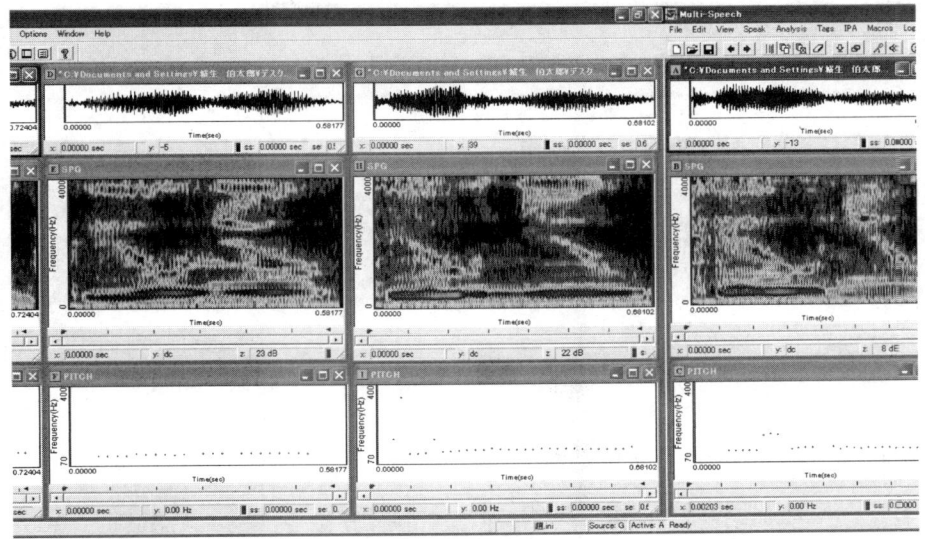

图 2-95 「牛乳」05

如果将以上所述的各个音节的基本波数数值化，则如表 2-283、2-284、2-285 所示（单位：Hz）。

表 2-283　第 1 次发声的基本波数

ギュー	ニュー
192	193

表 2-284　第 2 次发声的基本波数

ギュー	ニュー
199	194

表 2-285　第 3 次发声的基本波数

ギュー	ニュー
189	192

（6）受试者 06

图 2-96 所示的是受试者 06 的 3 次语音数据。从第 1 次发声（左侧）到第 3 次发声（右侧），音调模式均为自然的/MH-HH/型，是正确的日语音调。

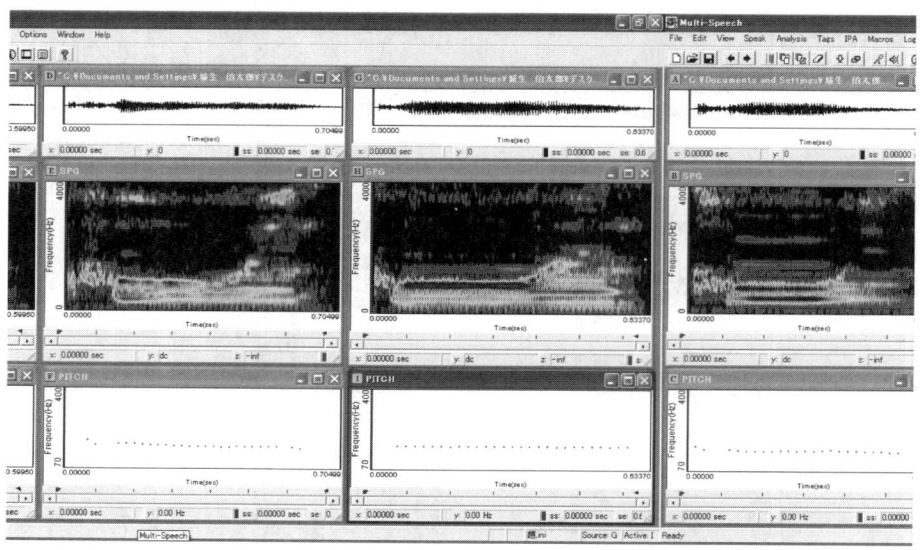

图 2-96 「牛乳」06

如果将以上所述的各个音节的基本波数数值化，则如表 2-286、2-287、2-288 所示（单位：Hz）。

表 2-286　第 1 次发声的基本波数

ギュー	ニュー
126	127

表 2-287　第 2 次发声的基本波数

ギュー	ニュー
117	120

表 2-288　第 3 次发声的基本波数

ギュー	ニュー
126	132

17.「公園」

（1）受试者 01

图 2-97 所示的是受试者 01 的 3 次语音数据。从第 1 次发声（左侧）到第 3 次发声（右侧），音调模式全部为平板型的/M-M/，是正确的日语音调。另外，该音调在辞典类资料中以拍数为单位标记为/低高高/，这是因为选择了理想化的音调作为代表形，作为实际的语音学的实现形时，与「とんぼ」「東京」等相同，「公園」也多为/M-M/型。

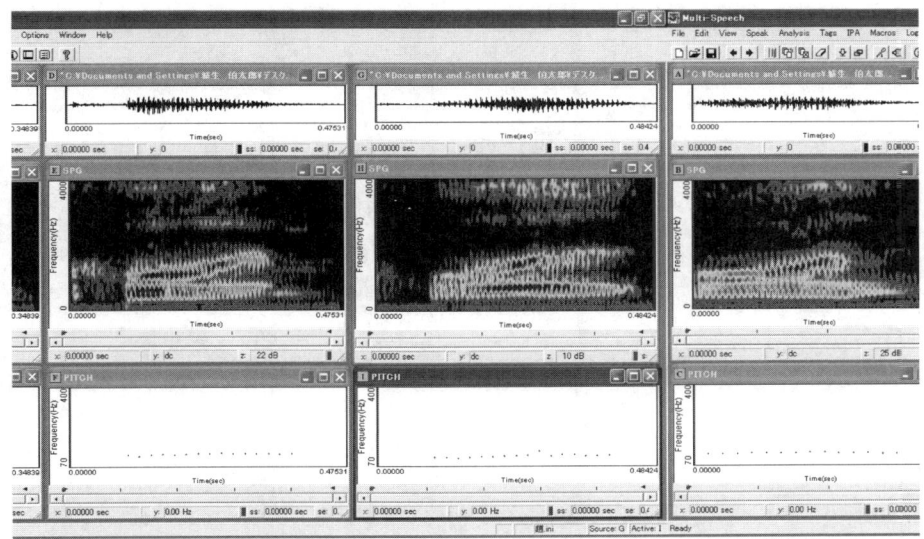

图 2-97 「公園」01

如果将以上所述的各个音节的基本波数数值化，则如表 2-289、2-290、2-291 所示（单位：Hz）。

表 2-289　第 1 次发声的基本波数

コー	エン
155	155

表 2-290　第 2 次发声的基本波数

コー	エン
170	163

表 2-291　第 3 次发声的基本波数

コー	エン
1168	168

（2）受试者 02

图 2-98 所示的是受试者 02 的 3 次语音数据。从第 1 次发声（左侧）到第 3 次发声（右侧），音调模式全部为 /M-H/ 型，而且元音的长短不正确，是相当不自然的日语。第 1 次和第 2 次是 [コエン]，其中 [コ] 不自然；第 3 次是 [コエーン]，其中 [エー] 不自然。

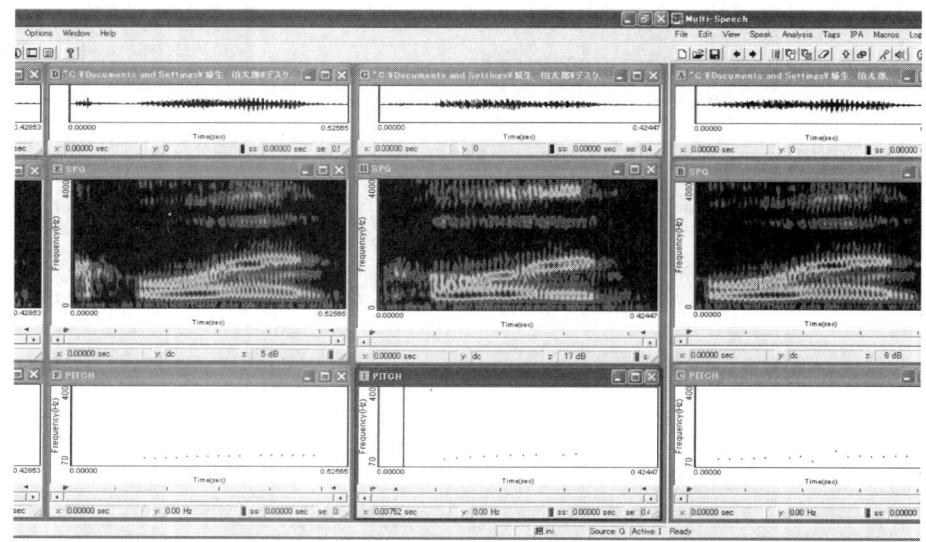

图 2-98 「公園」02

如果将以上所述的各个音节的基本波数数值化,则如表 2-292、2-293、2-294 所示(单位:Hz)。

表 2-292 第 1 次发声的基本波数

コー	エン
121	122

表 2-293 第 2 次发声的基本波数

コー	エン
122	126

表 2-294 第 3 次发声的基本波数

コー	エン
105	120

(3) 受试者 03

图 2-99 所示的是受试者 03 的 3 次语音数据。从第 1 次发声(左侧)到第 3 次发声(右侧),音调模式全部为/M-H/型。第 1 次调音为[コエン],相当不自然,第 2 次以后虽然有点短,但调音为正确的[コーエン]读音。

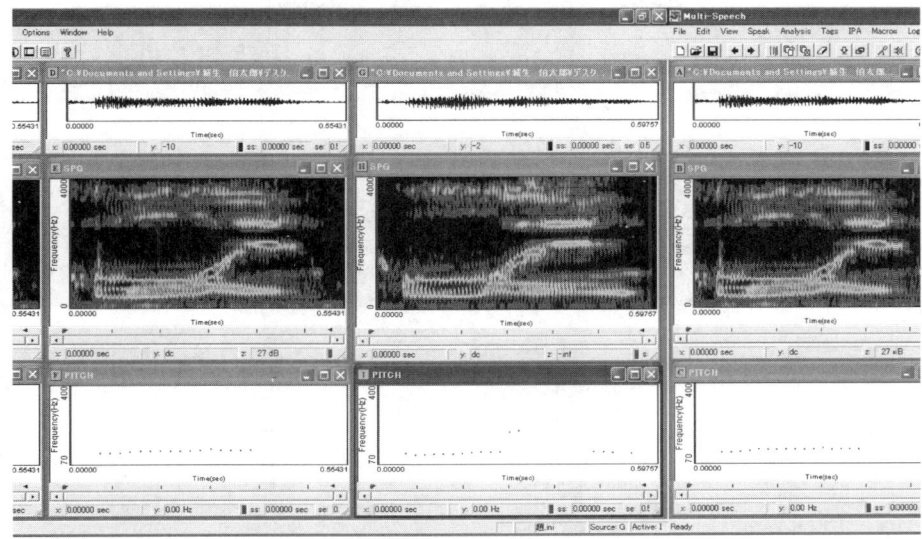

图 2-99 「公園」03

如果将以上所述的各个音节的基本波数数值化,则如表 2-295、2-296、2-297 所示(单位:Hz)。

表 2-295 第 1 次发声的基本波数

コー	エン
108	117

表 2-296 第 2 次发声的基本波数

コー	エン
110	118

表 2-297 第 3 次发声的基本波数

コー	エン
103	116

(4) 受试者 04

图 2-100 所示的是受试者 04 的 3 次语音数据。从第 1 次发声(左侧)到第 3 次发声(右侧),音调模式全部为平板型的/M-M/,是正确的。因此,该受试者从一开始就能很好地调音。

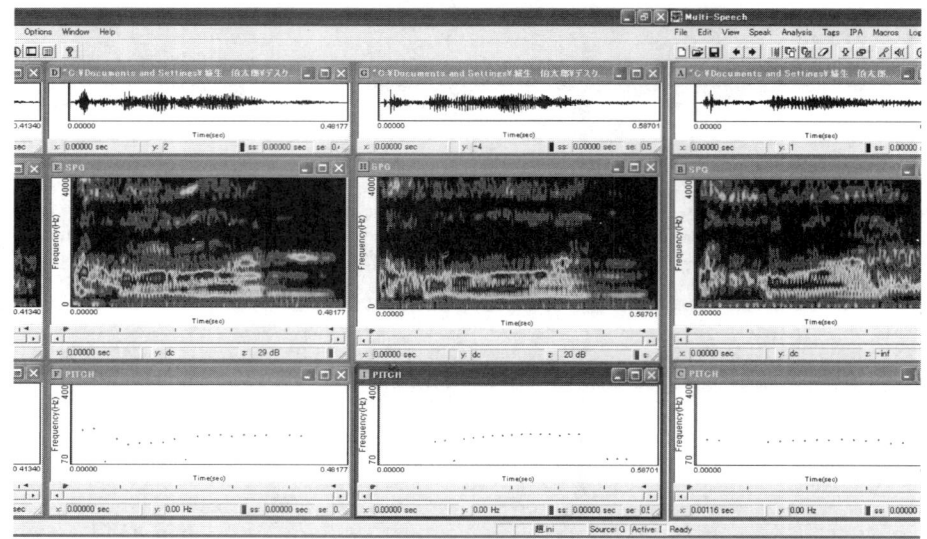

图 2-100 「公園」04

如果将以上所述的各个音节的基本波数数值化，则如表 2-298、2-299、2-300 所示（单位：Hz）。

表 2-298　第 1 次发声的基本波数

コー	エン
129	132

表 2-299　第 2 次发声的基本波数

コー	エン
129	137

表 2-300　第 3 次发声的基本波数

コー	エン
115	123

（5）受试者 05

图 2-101 所示的是受试者 05 的 3 次语音数据。第 1 次发声（左侧）的音调模式为/M-M/型，但第 2 次以后转变为从第二音节开始上升的/M-H/型，听起来是更自然的日语。

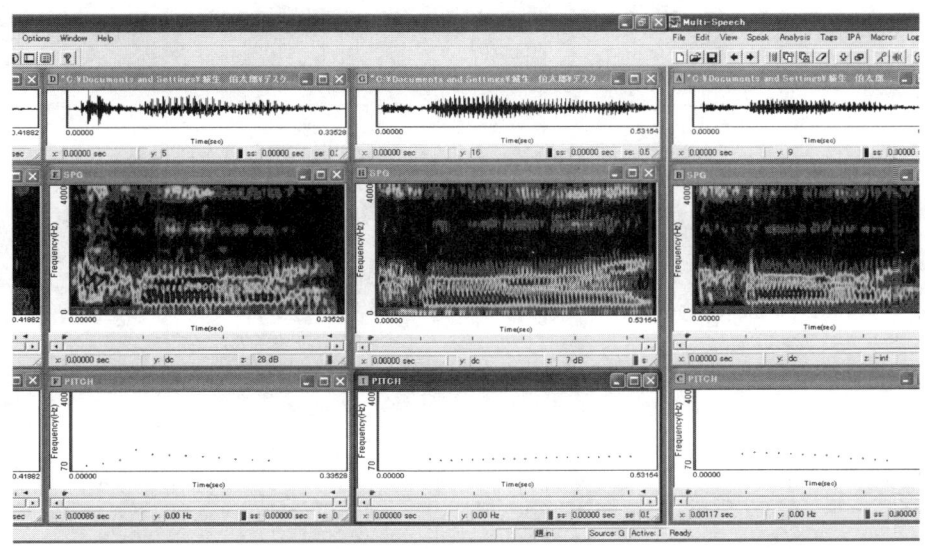

图 2-101　「公園」05

如果将以上所述的各个音节的基本波数数值化，则如表 2-301、2-302、2-303 所示（单位：Hz）。

表 2-301　第 1 次发声的基本波数

コー	エン
176	175

表 2-302　第 2 次发声的基本波数

コー	エン
159	193

表 2-303　第 3 次发声的基本波数

コー	エン
179	201

（6）受试者 06

图 2-102 所示的是受试者 06 的 3 次语音数据。从第 1 次发声（左侧）到第 3 次发声（右侧），音调模式为/HM-LL/型，是不自然的日语音调。

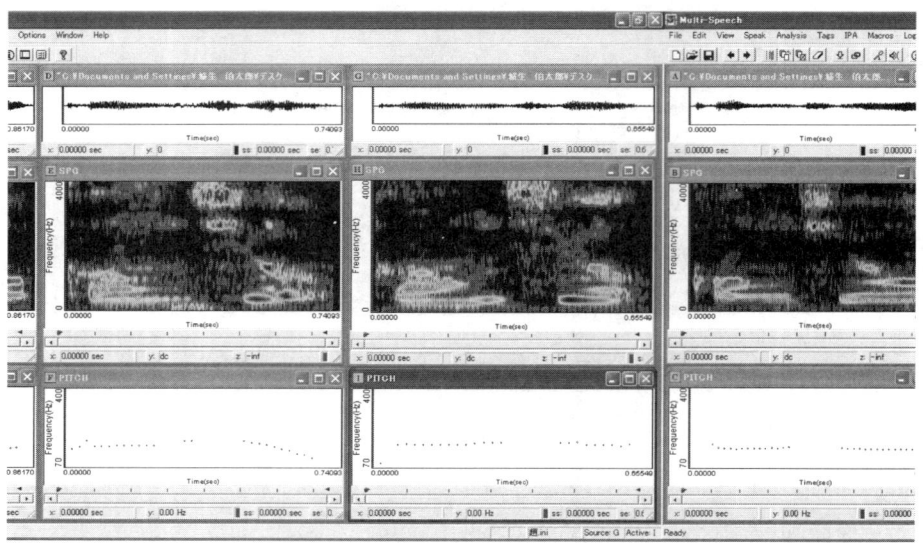

图 2-102 「公園」06

如果将以上所述的各个音节的基本波数数值化,则如表 2-304、2-305、2-306 所示(单位: Hz)。

表 2-304 第 1 次发声的基本波数

コー	エン
139	115

表 2-305 第 2 次发声的基本波数

コー	エン
159	117

表 2-306 第 3 次发声的基本波数

コー	エン
121	125

18.「今週」

(1) 受试者 01

图 2-103 所示的是受试者 01 的 3 次语音数据。第 1 次发声(左侧)为 /M-M/ 型的音调模式,第 2 次暂时转变为 /MH-HL/ 型的起伏式。但是,第 3 次的发声(右侧)再次变成了正确的 /M-M/ 型。另外,在辞典类资料中,该音调以节拍单位标记为 /低高高/,这是因为选择了理想化的音调作为代表形,作为实际的语音学实现形时,与「とんぼ」「東京」等相同,「今週」在音节水平上也

多为/M-M/型。

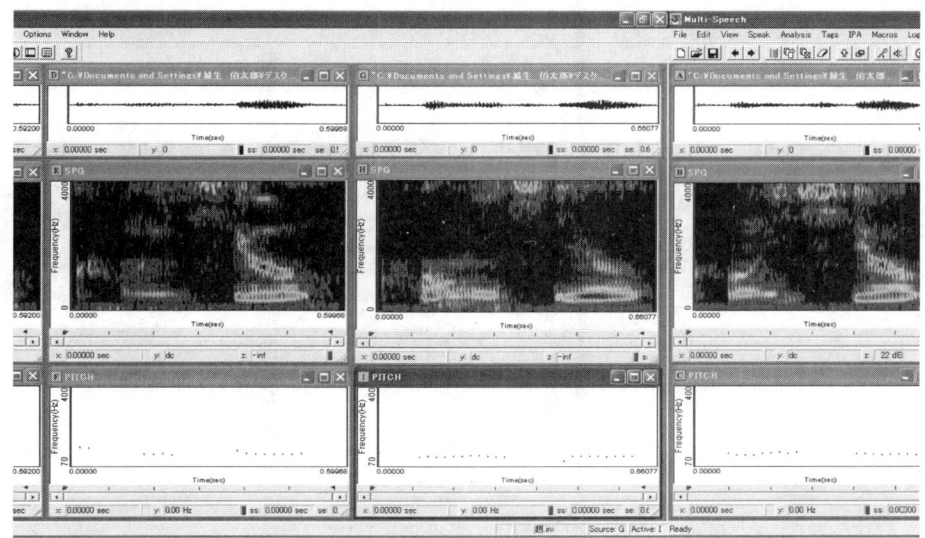

图 2-103 「今週」01

如果将以上所述的各个音节的基本波数数值化，则如表 2-307、2-308、2-309 所示（单位：Hz）。

表 2-307 第 1 次发声的基本波数

コン	シュー
155	149

表 2-308 第 2 次发声的基本波数

コン	シュー
160	182

表 2-309 第 3 次发声的基本波数

コン	シュー
155	150

（2）受试者 02

图 2-104 所示的是受试者 02 的 3 次语音数据。从第 1 次发声（左侧）到第 3 次发声（右侧），音调模式全部为/M-M/型，没有明显的问题。但是，在分节音的水平上，［シュー］到最后变成了［シウ］，并且没有得到改善。

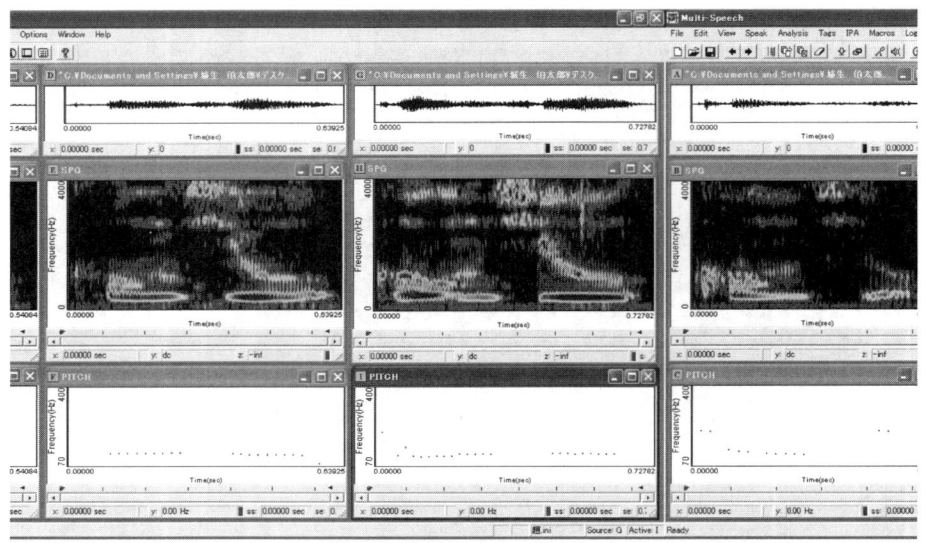

图 2-104　「今週」02

如果将以上所述的各个音节的基本波数数值化，则如表 2-310、2-311、2-312 所示（单位：Hz）。

表 2-310　第 1 次发声的基本波数

コン	シュー
127	121

表 2-311　第 2 次发声的基本波数

コン	シュー
123	126

表 2-312　第 3 次发声的基本波数

コン	シュー
112	113

（3）受试者 03

图 2-105 所示的是受试者 03 的 3 次语音数据。第 1 次发声（左侧）的音调模式为/M-HL/型，但在第 2 次以后得到改善，成为正确的音调/MH-HH/。

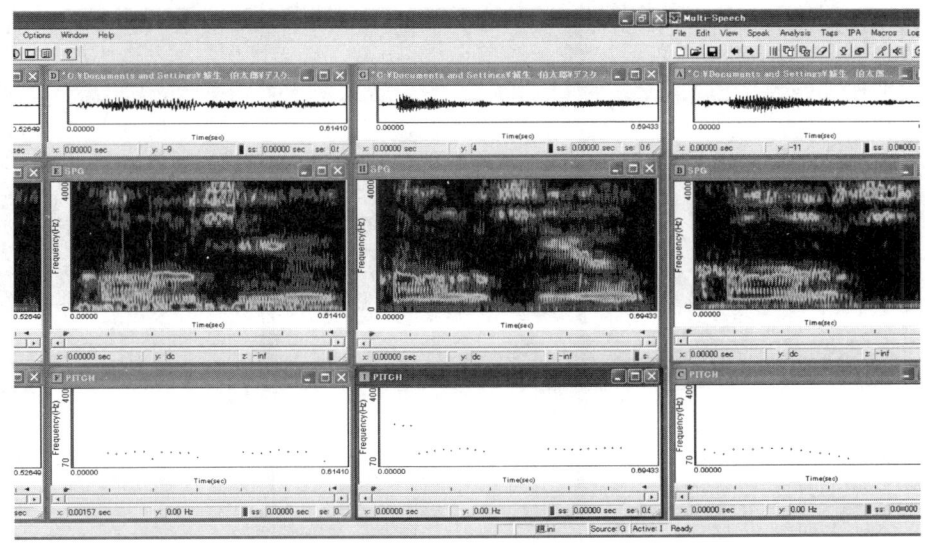

图 2-105 「今週」03

如果将以上所述的各个音节的基本波数数值化,则如表 2-313、2-314、2-315 所示(单位:Hz)。

表 2-313 第 1 次发声的基本波数

コン	シュー
211	134

表 2-314 第 2 次发声的基本波数

コン	シュー
125	121

表 2-315 第 3 次发声的基本波数

コン	シュー
113	124

(4) 受试者 04

图 2-106 所示的是受试者 04 的 3 次语音数据。第 1 次发声(左侧)音调模式为/HM-LL/型的头高式,但第 2 次以后全部为/M-M/,没有明显问题。但是,在分节音的水平上,[シュー]到最后变成了[シウ],并且没有得到改善。

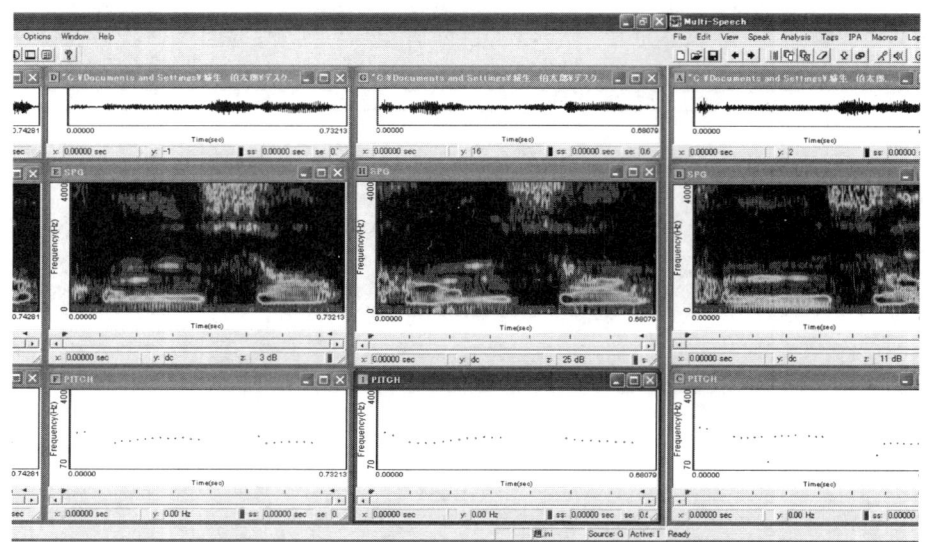

图 2-106 「今週」04

如果将以上所述的各个音节的基本波数数值化，则如表 2-316、2-317、2-318 所示（单位：Hz）。

表 2-316　第 1 次发声的基本波数

コン	シュー
137	96

表 2-317　第 2 次发声的基本波数

コン	シュー
137	126

表 2-318　第 3 次发声的基本波数

コン	シュー
136	141

（5）受试者 05

图 2-107 所示的是受试者 05 的 3 次语音数据。从第 1 次发声（左侧）到第 3 次发声（右侧），音调模式均为/MH-HH/，是正确的日语音调。

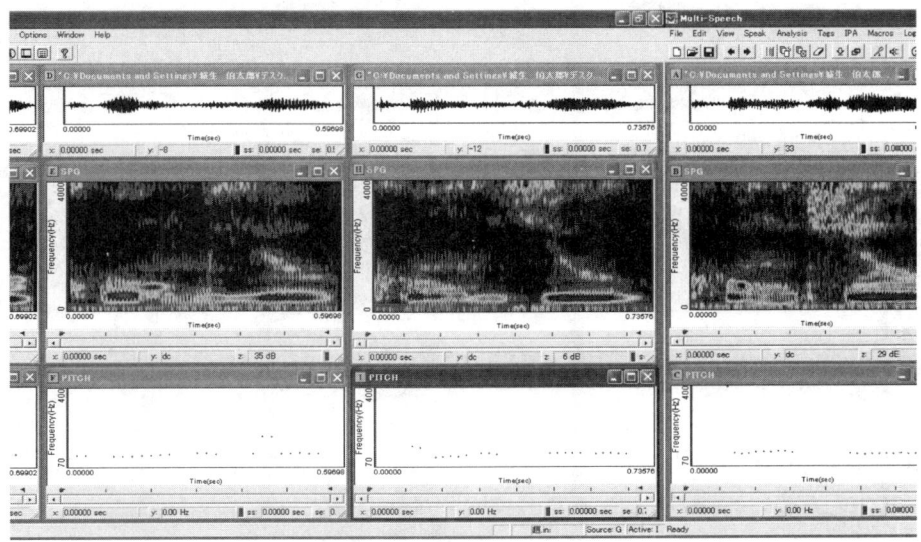

图 2-107 「今週」05

如果将以上所述的各个音节的基本波数数值化，则如表 2-319、2-320、2-321 所示（单位：Hz）。

表 2-319 第 1 次发声的基本波数

コン	シュー
212	181

表 2-320 第 2 次发声的基本波数

コン	シュー
194	185

表 2-321 第 3 次发声的基本波数

コン	シュー
182	193

（6）受试者 06

图 2-108 所示的是受试者 06 的 3 次语音数据。从第 1 次发声（左侧）到第 3 次发声（右侧），音调模式均为/MH-HH/型是正确的日语音调。但是，在分节音的水平上，除了在第 2 次发声变成了［コンユー］，［シュー］到最后变成了［シウ］，并且没有得到改善。

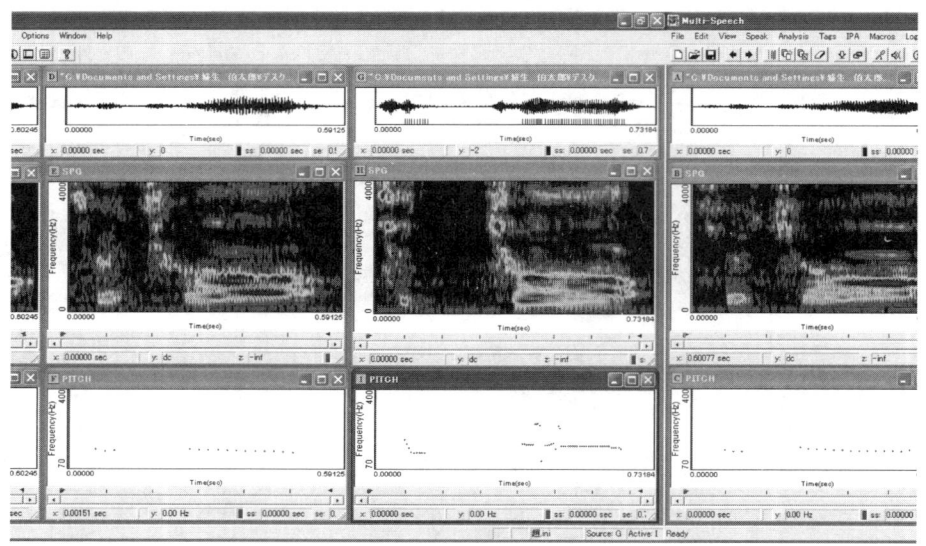

图 2-108 「今週」06

如果将以上所述的各个音节的基本波数数值化，则如表 2-322、2-323、2-324 所示（单位：Hz）。

表 2-322　第 1 次发声的基本波数

コン	シュー
130	122

表 2-323　第 2 次发声的基本波数

コン	シュー
121	129

表 2-324　第 3 次发声的基本波数

コン	シュー
114	126

19.「出張」

(1) 受试者 01

图 2-109 所示的是受试者 01 的 3 次语音数据。从第 1 次发声（左侧）到第 3 次发声（右侧），音调模式为/M-M/型，是正确的日语音调。另外，作为实际的语音学的实现形式，与「とんぼ」「東京」等相同，「出張」在音节水平上也多为/M-M/型，这一事实印证了该受试者音调的正确性。

另外，在分节音的水平上，第 1 次和第 2 次发声将「出張」错误地读作［シ

ュチョー]。但是,第 3 次发声时正确地调音为 [シュッチョー]。

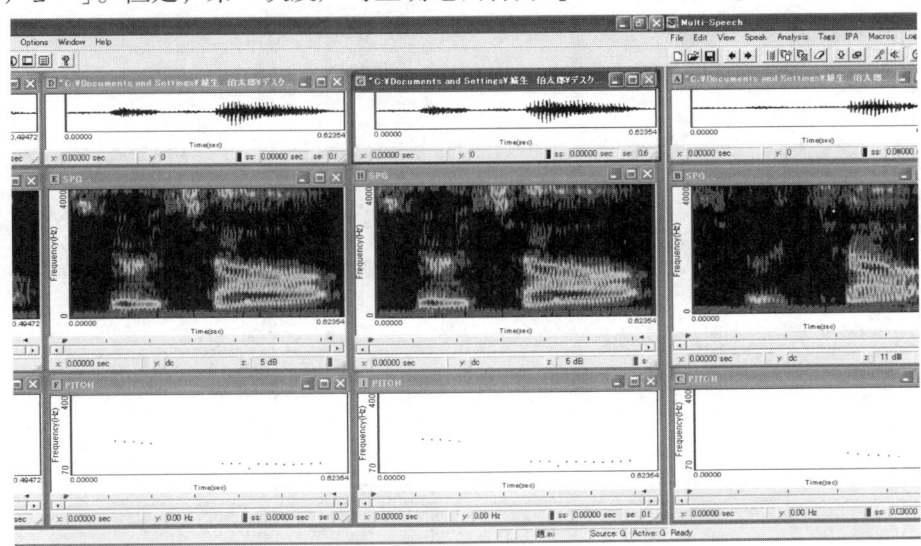

图 2-109　「出張」01

如果将以上所述的各个音节的基本波数数值化,则如表 2-325、2-326、2-327 所示(单位：Hz)。

表 2-325　第 1 次发声的基本波数

シュッ	チョー
147	149

表 2-326　第 2 次发声的基本波数

シュッ	チョー
154	149

表 2-327　第 3 次发声的基本波数

シュッ	チョー
140	168

(2) 受试者 02

图 2-110 所示的是受试者 02 的 3 次语音数据。从第 1 次发声(左侧)到第 3 次发声(右侧),音调模式全部为/M-H/型,没有明显问题。但是,在分节音的水平上,[シュッ] 到最后变成了 [シュ],并且没有得到改善。

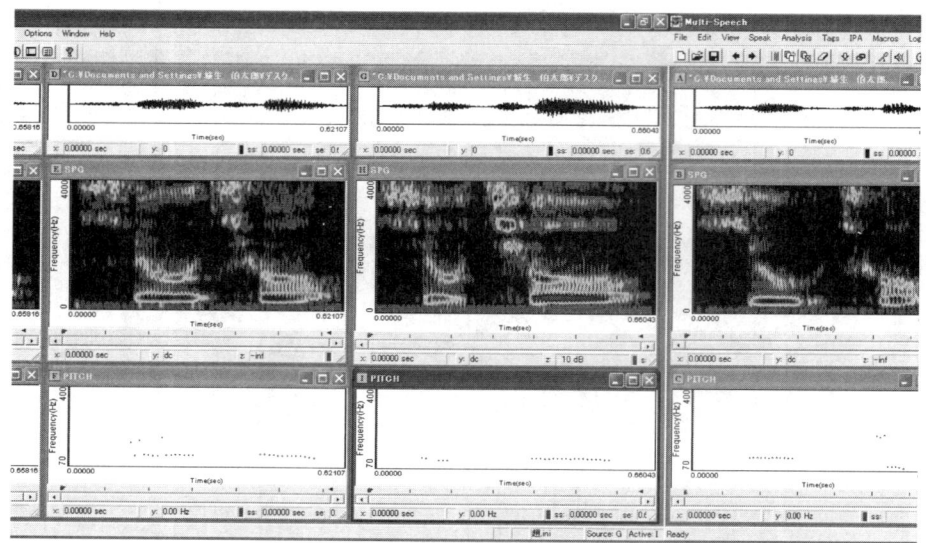

图 2-110 「出張」02

如果将以上所述的各个音节的基本波数数值化,则如表 2-328、2-329、2-330 所示(单位：Hz)。

表 2-328　第 1 次发声的基本波数

シュッ	チョー
—	125

表 2-329　第 2 次发声的基本波数

シュッ	チョー
209	109

表 2-330　第 3 次发声的基本波数

シュッ	チョー
202	114

(3) 受试者 03

图 2-111 所示的是受试者 03 的 3 次语音数据。在第 1 次发声(左侧)中,由于没有促音,而且音调模式为/HM-LL/型,所以变得接近「酋長」的读音。但是,第 2 次以后得到了改善,特别是第 3 次的音调变为正确的/M-HH/型,有了明显的进步,但是很遗憾没能完全掌握。

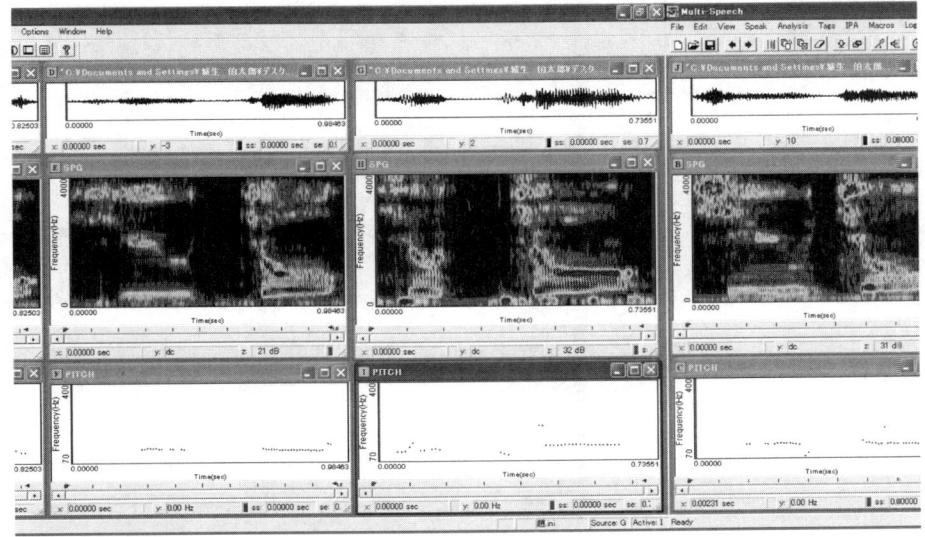

图 2-111 「出張」03

如果将以上所述的各个音节的基本波数数值化,则如表 2-331、2-332、2-333 所示(单位:Hz)。

表 2-331　第 1 次发声的基本波数

シュッ	チョー
126	90

表 2-332　第 2 次发声的基本波数

シュッ	チョー
122	121

表 2-333　第 3 次发声的基本波数

シュッ	チョー
105	115

(4) 受试者 04

图 2-112 所示的是受试者 04 的 3 次语音数据。第 1 次发声(左侧)和第 2 次发声(中间)的音调模式为/MM-MM/型,是不自然的日语音调。而且,在分节音方面,第 1 次是［シューチョー］,第 2 次是［シューチョ］,均是不正确的。但第 3 次的音调模式为/MH-HH/型,分节音也变为［シュッチョー］,成为正确的音调。

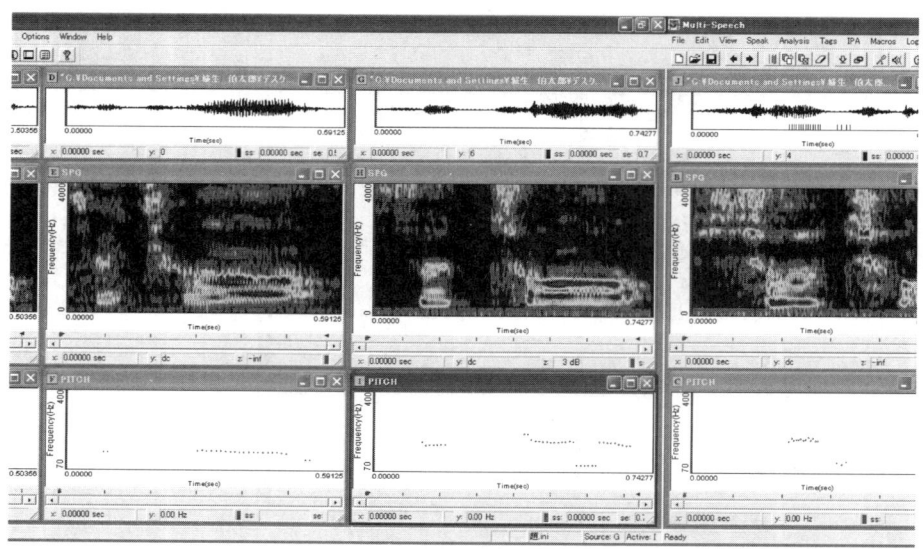

图 2-112 「出張」04

如果将以上所述的各个音节的基本波数数值化，则如表 2-334、2-335、2-336 所示（单位：Hz）。

表 2-334　第 1 次发声的基本波数

シュッ	チョー
133	127

表 2-335　第 2 次发声的基本波数

シュッ	チョー
131	123

表 2-336　第 3 次发声的基本波数

シュッ	チョー
122	137

（5）受试者 05

图 2-113 所示的是受试者 05 的 3 次语音数据。第 1 次发声（左侧）的音调模式为/H-L/型，分节音也为［シューチョ］，是不自然的日语音调。第 2 次发声（正中）的音调模式变成了正确的/M-HH/型，但分节音变成了［シュチョー］。第 3 次发声（右侧）的音调模式和分节音均正确。

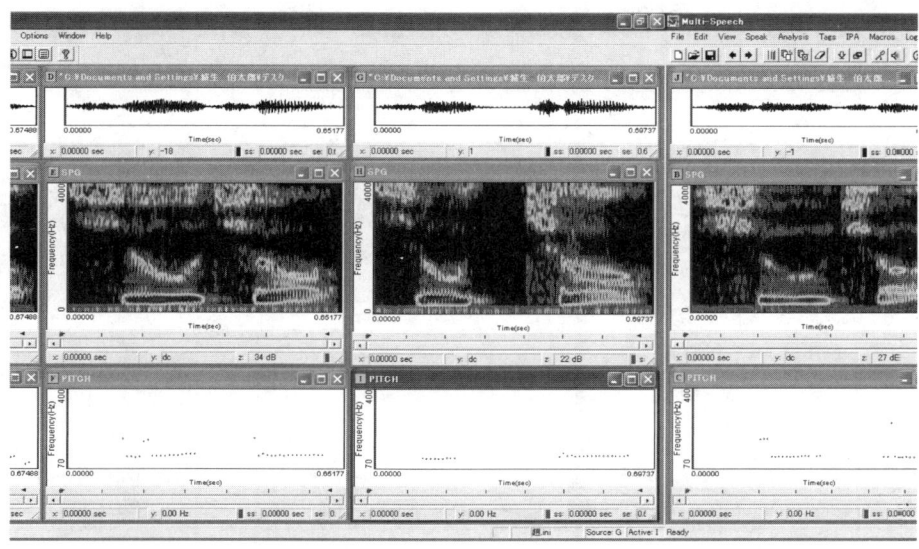

图 2-113　「出張」05

如果将以上所述的各个音节的基本波数数值化，则如表 2-337、2-338、2-339 所示（单位：Hz）。

表 2-337　第 1 次发声的基本波数

シュッ	チョー
209	116

表 2-338　第 2 次发声的基本波数

シュッ	チョー
147	148

表 2-339　第 3 次发声的基本波数

シュッ	チョー
113	117

（6）受试者 06

图 2-114 所示的是受试者 06 的 3 次语音数据。从第 1 次发声（左侧）到第 3 次发声（右侧），音调模式均为 /M-H/ 型，是正确的日语音调。但是，在分节音方面，第 1 次为［シューチャ］，第 2 次为［シューチョ］，第 3 次为［シュッチョ］，均没有得到改善。

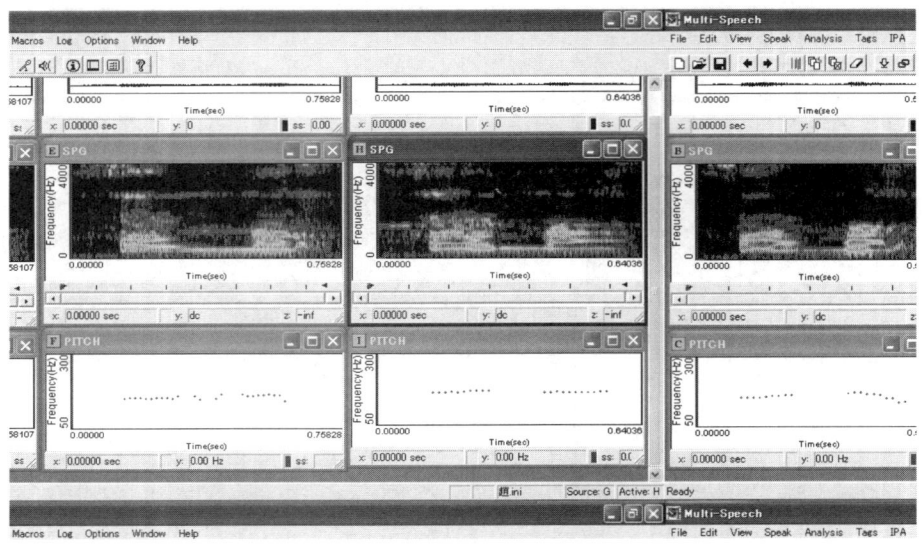

2-114 「出張」06

如果将以上所述的各个音节的基本波数数值化,则如表2-340、2-241、2-342所示(单位:Hz)。

表 2-340 第 1 次发声的基本波数

シュッ	チョー
123	121

表 2-341 第 2 次发声的基本波数

シュッ	チョー
128	128

表 2-342 第 3 次发声的基本波数

シュッ	チョー
115	125

20.「専門」

(1) 受试者01

图2-115所示的是受试者01的3次语音数据。第1次发声(左侧)和第2次发声(正中)的音调模式为不正确的/MH-HL/型。但是,第3次发声(右侧)时被修正为/MH-HH/型。

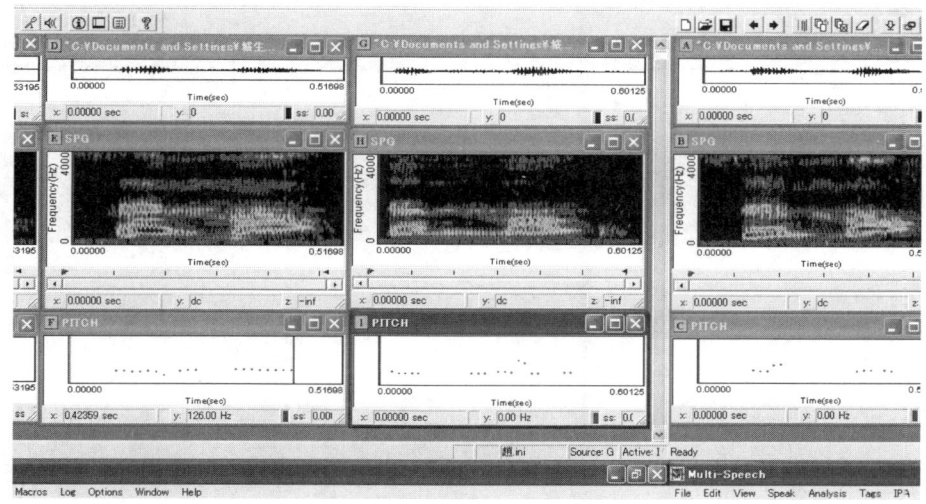

图 2-115 「専門」01

如果将以上所述的各个音节的基本波数数值化，则如表 2-343、2-344、2-345 所示（单位：Hz）。

表 2-343　第 1 次发声的基本波数

セン	モン
162	171

表 2-344　第 2 次发声的基本波数

セン	モン
153	166

表 2-345　第 3 次发声的基本波数

セン	モン
170	166

（2）受试者 02

图 2-116 所示的是受试者 02 的 3 次语音数据。从第 1 次发声（左侧）到第 3 次发声（右侧），音调模式全部为/M-HL/型，是不正确的日语音调。

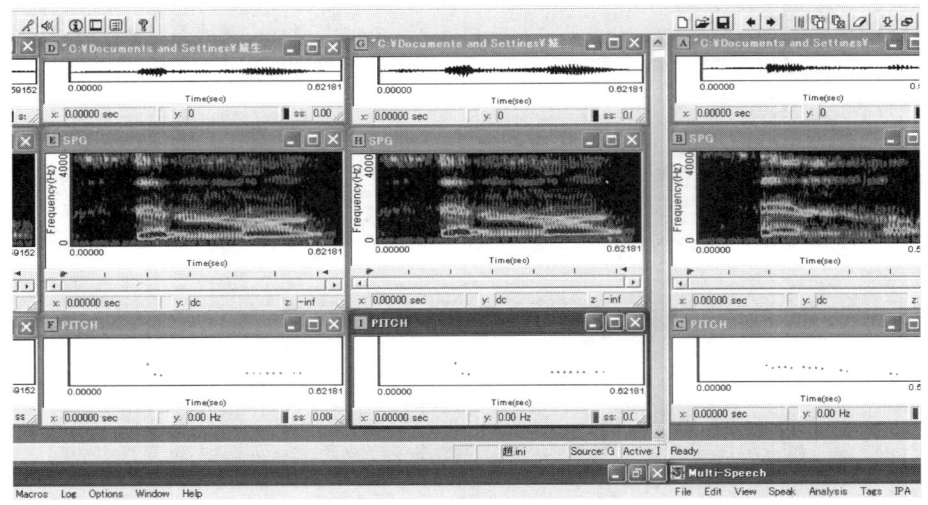

图 2-116 「専門」02

如果将以上所述的各个音节的基本波数数值化,则如表 2-346、2-347、2-348 所示(单位:Hz)。

表 2-346　第 1 次发声的基本波数

セン	モン
122	124

表 2-347　第 2 次发声的基本波数

セン	モン
116	127

表 2-348　第 3 次发声的基本波数

セン	モン
112	121

(3) 受试者 03

图 2-117 所示的是受试者 03 的 3 次语音数据。第 1 次发声(左侧)的音调模式为/HM-LL/型。但是,第 2 次以后得到了改善,变成了正确的音调。

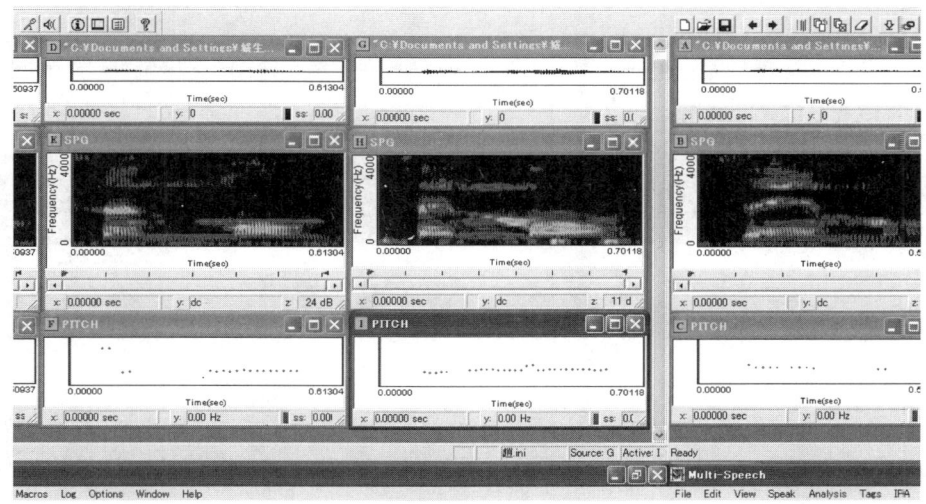

图 2-117 「専門」03

如果将以上所述的各个音节的基本波数数值化,则如表 2-349、2-350、2-351 所示(单位:Hz)。

表 2-349　第 1 次发声的基本波数

セン	モン
143	115

表 2-350　第 2 次发声的基本波数

セン	モン
113	116

表 2-351　第 3 次发声的基本波数

セン	モン
113	117

(4) 受试者 04

图 2-118 所示的是受试者 04 的 3 次语音数据。3 次发声音调模式是各不相同的:在第 1 次发声(左侧)中是头高式的/HM-LL/型,在第 2 次发声(中间)中是/M-M/型,在第 3 次(右侧)中是/L-HM/型。

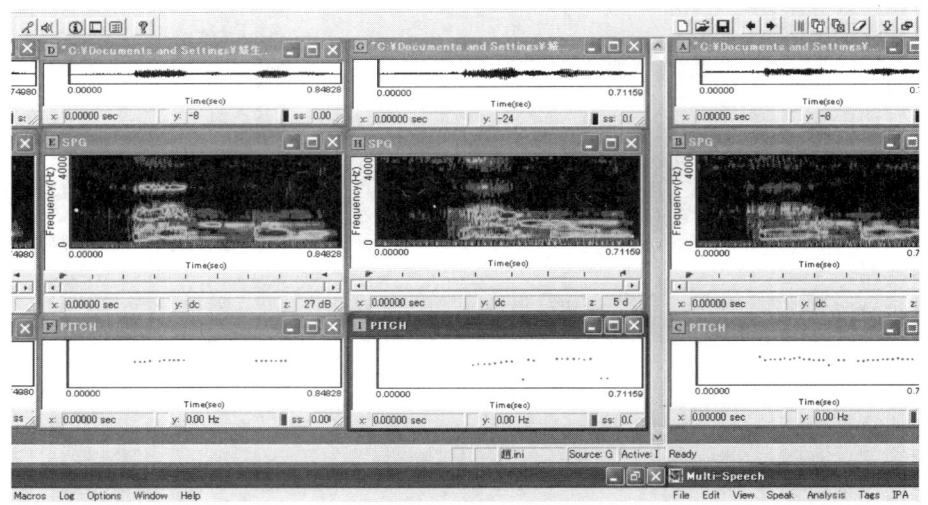

图 2-118 「専門」04

如果将以上所述的各个音节的基本波数数值化,则如表 2-352、2-353、2-354 所示(单位:Hz)。

表 2-352　第 1 次发声的基本波数

セン	モン
158	135

表 2-353　第 2 次发声的基本波数

セン	モン
122	131

表 2-354　第 3 次发声的基本波数

セン	モン
123	138

(5)受试者 05

图 2-119 所示的是受试者 05 的 3 次语音数据。第 1 次发声(左侧)和第 2 次发声(中间)的音调模式为平淡而不自然的/H-H/型。但是,第 3 次发声(右侧)转变为/MH-HH/型这一正确的音调。

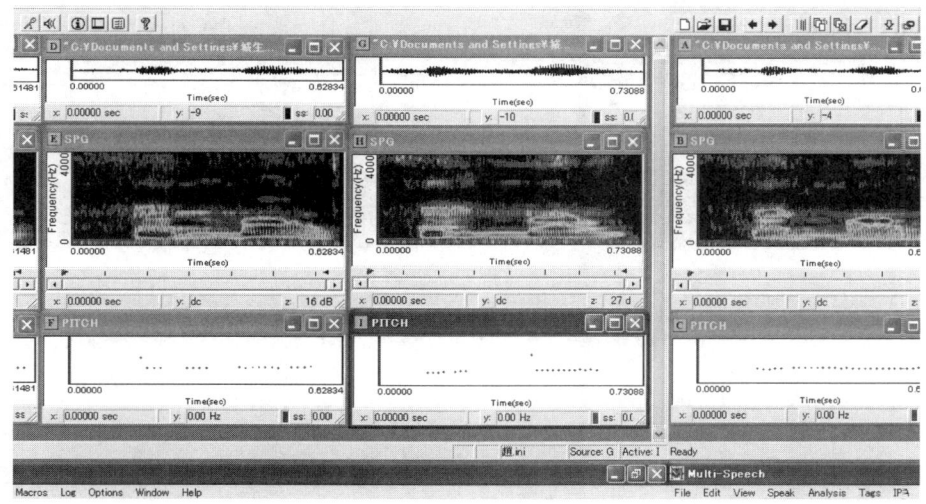

图 2-119 「専門」05

如果将以上所述的各个音节的基本波数数值化，则如表 2-355、2-356、2-357 所示（单位：Hz）。

表 2-355 第 1 次发声的基本波数

セン	モン
203	200

表 2-356 第 2 次发声的基本波数

セン	モン
191	194

表 2-357 第 3 次发声的基本波数

セン	モン
176	200

（6）受试者 06

图 2-120 所示的是受试者 06 的 3 次语音数据。从第 1 次发声（左侧）到第 3 次发声（右侧），音调模式是各不相同的。第 1 次为/H-H/型，第 2 次为/M-H/型，第 3 次为/MH-HM/型，均没有得到改善。

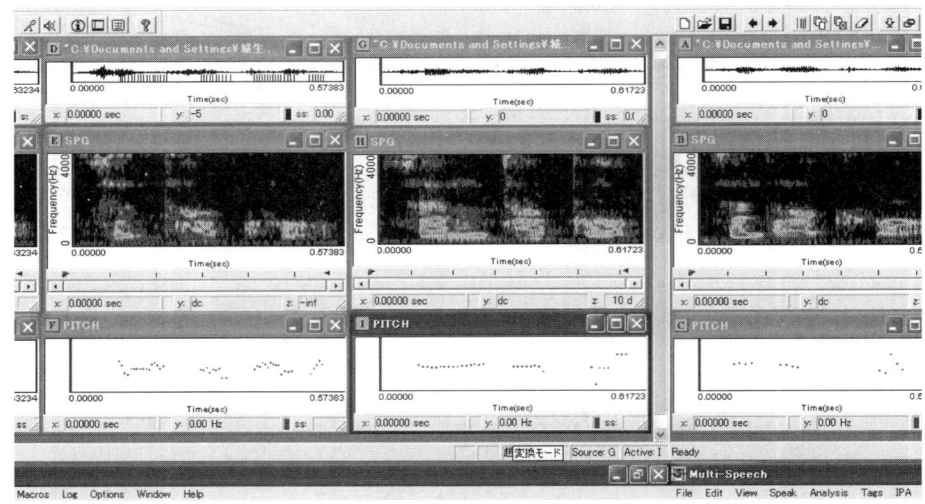

图 2-120　「専門」06

如果将以上所述的各个音节的基本波数数值化，则如表 2-358、2-359、2-360 所示（单位：Hz）。

表 2-358　第 1 次发声的基本波数

セン	モン
141	134

表 2-359　第 2 次发声的基本波数

セン	モン
138	141

表 2-360　第 3 次发声的基本波数

セン	モン
123	133

21.「洗濯」

（1）受试者 01

图 2-121 所示的是受试者 01 的 3 次语音数据。第 1 次发声（左侧）和第 2 次发声（正中）的音调模式分别为不正确的/H-H-HL/型和/HM-LL/型。但是，在第 3 次的发声（右侧）中被修正为/MH-HH/型。

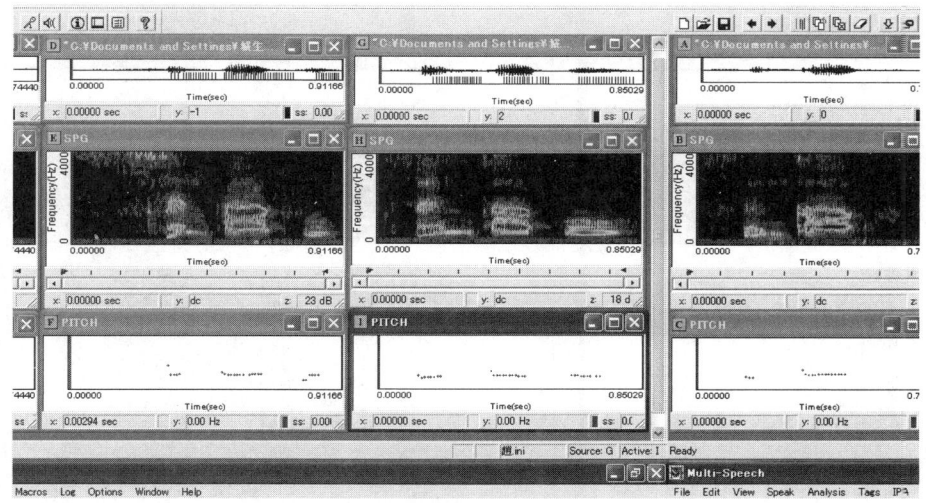

图 2-121 「洗濯」01

如果将以上所述的各个音节的基本波数数值化,则如表 2-361、2-362、2-363 所示(单位:Hz)。

表 2-361 第 1 次发声的基本波数

セン	タ	ク
181	163	147

表 2-362 第 2 次发声的基本波数

セン	タ	ク
182	158	145

表 2-363 第 3 次发声的基本波数

セン	タ	ク
196	166	134

(2) 受试者 02

图 2-122 所示的是受试者 02 的 3 次语音数据。第 1 次发声(左侧)的不仅音调模式为/MH-H-L/型,而且最终音节无声化。但是,第 2 次以后的音调模式全部为/MH-H-H/型,改正为正确的音调。

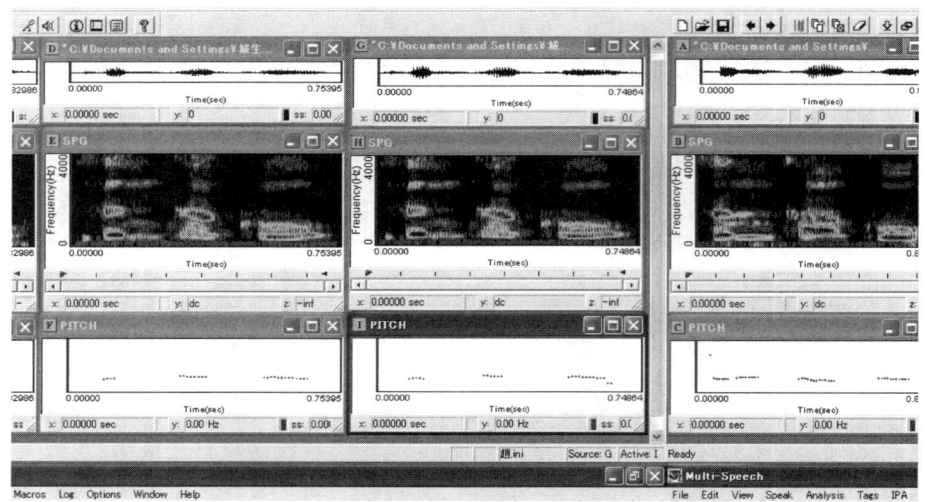

图 2-122 「洗濯」02

如果将以上所述的各个音节的基本波数数值化，则如表 2-364、2-365、2-366 所示（单位：Hz）。

表 2-364 第 1 次发声的基本波数

セン	タ	ク
113	127	—

表 2-365 第 2 次发声的基本波数

セン	タ	ク
122	131	121

表 2-366 第 3 次发声的基本波数

セン	タ	ク
110	115	115

（3）受试者 03

图 2-123 所示的是受试者 03 的 3 次语音数据。第 1 次发声（左侧）的音调模式为/HM-LL/型。但是，第 2 次以后得到了改善，变成了正确的音调。

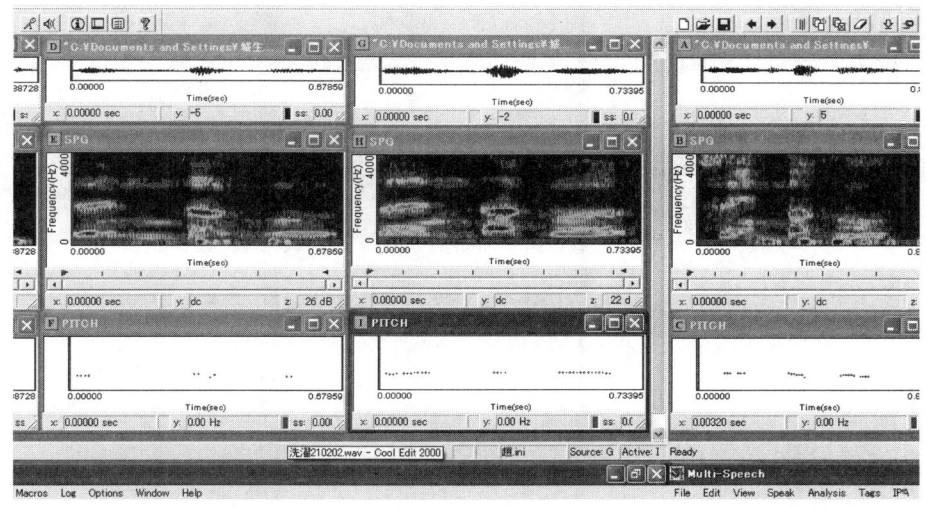

图 2-123 「洗濯」03

如果将以上所述的各个音节的基本波数数值化，则如表 2-367、2-368、2-369 所示（单位：Hz）。

表 2-367 第 1 次发声的基本波数

セン	タ	ク
124	120	120

表 2-368 第 2 次发声的基本波数

セン	タ	ク
113	125	121

表 2-369 第 3 次发声的基本波数

セン	タ	ク
115	129	121

（4）受试者 04

图 2-124 所示的是受试者 04 的 3 次语音数据。音调模式在第一次发声（左侧）和第二次发声（中间）中是头高式的/HM-L-L/型，在第三次中是/LM-M-M/型。但是，其分节音不正确。第 1 次是［セインダク］，第 2 次是［デンダク］，第 3 次是［デンタク］，均没有改善。

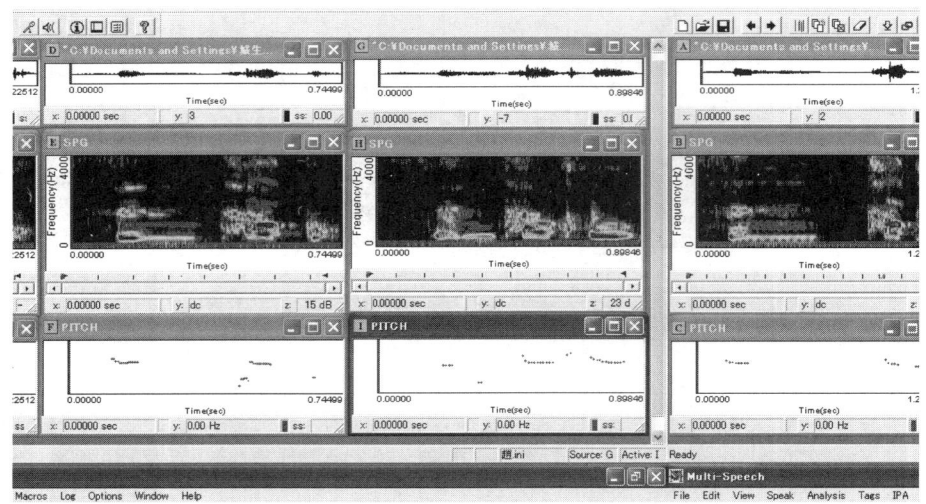

图 2-124 「洗濯」04

如果将以上所述的各个音节的基本波数数值化，则如表 2-370、2-371、2-372 所示（单位：Hz）。

表 2-370　第 1 次发声的基本波数

セン	タ	ク
135	132	124

表 2-371　第 2 次发声的基本波数

セン	タ	ク
119	129	116

表 2-372　第 3 次发声的基本波数

セン	タ	ク
130	132	134

（5）受试者 05

图 2-125 所示的是受试者 05 的 3 次语音数据。第 1 次发声（左侧）为［センタコ］，音调模式为/MM-H-L/型。在第 2 次发声（中间）中分节音得到了改善，几乎接近［センタク］，但音调模式仍为/MM-H-L/型。

最后，在第 3 次发声（右侧）中，分节音完全转变为［センタク］，音调模式也变为/MH-HH/型，掌握了正确的日语调音。

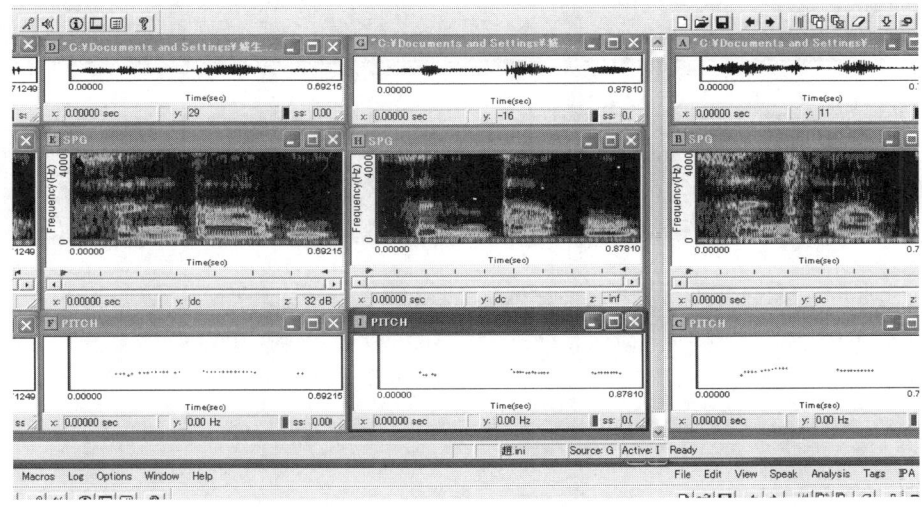

图 2-125 「洗濯」05

如果将以上所述的各个音节的基本波数数值化，则如表 2-373、2-374、2-375 所示（单位：Hz）。

表 2-373　第 1 次发声的基本波数

セン	タ	ク
199	196	179

表 2-374　第 2 次发声的基本波数

セン	タ	ク
199	194	130

表 2-375　第 3 次发声的基本波数

セン	タ	ク
182	200	207

(6) 受试者 06

图 2-126 所示的是受试者 06 的 3 次语音数据。从第 1 次发声（左侧）到第 3 次发声（右侧），音调模式全部为/M-H-H 型。而且，分节音也不正确，第 1 次是 [センターク]，第 2 次是 [センターグ]，第 3 次是 [センタグ]，均没有改善。

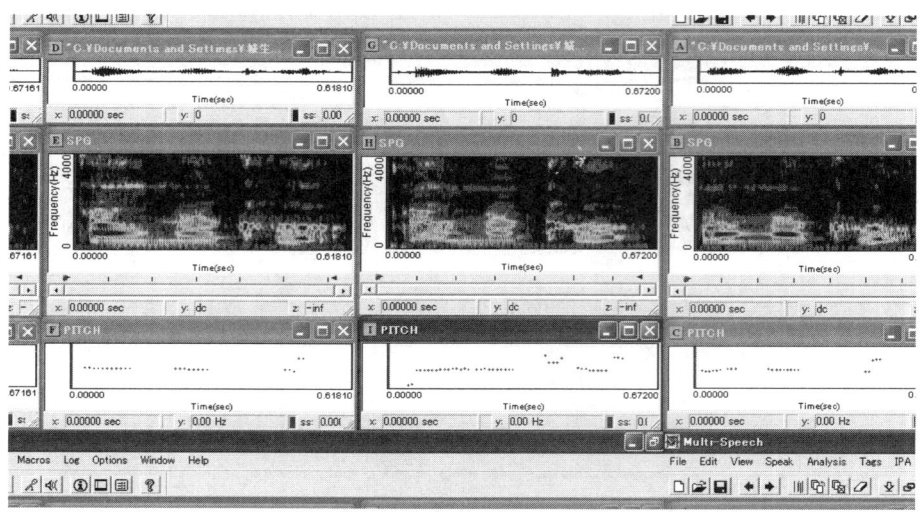

图 2-126 「洗濯」06

如果将以上所述的各个音节的基本波数数值化，则如表 2-376、2-377、2-378 所示（单位：Hz）。

表 2-376 第 1 次发声的基本波数

セン	タ	ク
140	137	—

表 2-377 第 2 次发声的基本波数

セン	タ	ク
134	135	130

表 2-378 第 3 次发声的基本波数

セン	タ	ク
117	126	123

22.「大学」

（1）受试者 01

图 2-127 所示的是受试者 01 的 3 次语音数据。第 1 次发声（左侧）的音调模式为/L-L-H/型。但是，在第 2 次发声（中间）和第 3 次发声（右侧）时被修正为/MH-H-H/型。

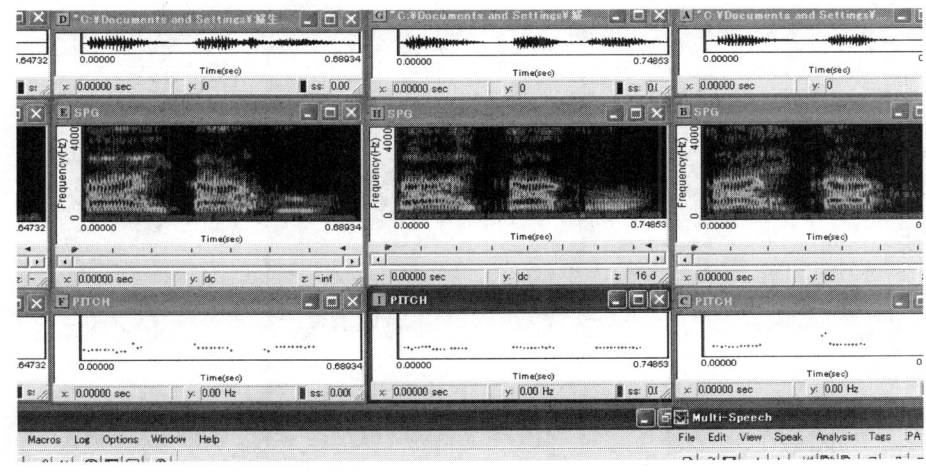

图 2-127 「大学」01

如果将以上所述的各个音节的基本波数数值化，则如表 2-379、2-380、2-381 所示（单位：Hz）。

表 2-379　第 1 次发声的基本波数

ダイ	ガ	ク
165	165	225

表 2-380　第 2 次发声的基本波数

ダイ	ガ	ク
163	160	225

表 2-381　第 3 次发声的基本波数

ダイ	ガ	ク
158	162	163

(2) 受试者02

图 2-128 所示的是受试者02 的 3 次语音数据。第 1 次发声（左侧）的音调模式为平板型的/HH-H-H/，最终音节也无声化了。第 2 次以后的音调模式为/MM-M-H/型，直至最后都没有修正为正确的/MH-H-H/型。

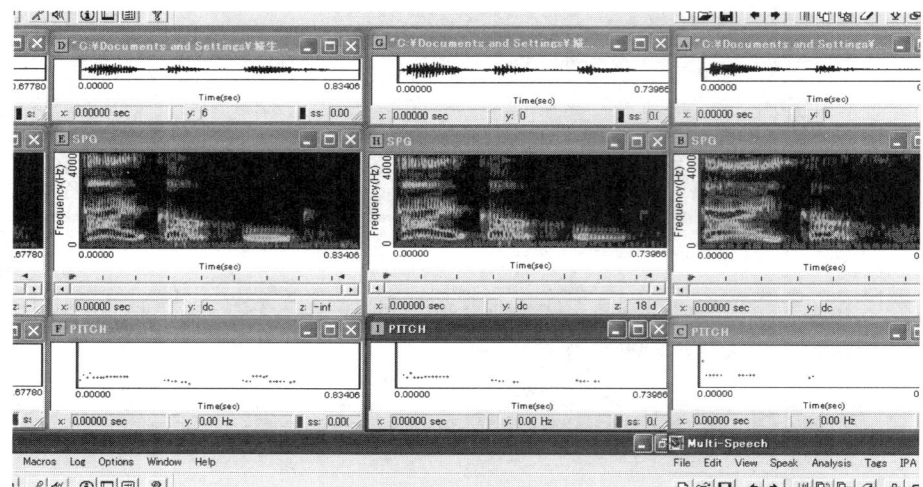

图 2-128 「大学」02

如果将以上所述的各个音节的基本波数数值化，则如表 2-382、2-383、2-384 所示（单位：Hz）。

表 2-382　第 1 次发声的基本波数

ダイ	ガ	ク
116	121	—

表 2-383　第 2 次发声的基本波数

ダイ	ガ	ク
111	121	126

表 2-384　第 3 次发声的基本波数

ダイ	ガ	ク
106	111	110

（3）受试者 03

图 2-129 所示的是受试者 03 的 3 次语音数据。第 1 次发声（左侧）的音调模式为/HM-L-L/型。但是，由于最后一个音节是无声的，所以无法测量音调。

第 2 次以后的音调模式为/HM-L-H/型，虽然将最终音节修正为/H/，但没有将/MH/型的第一音节后的音节变为平音。

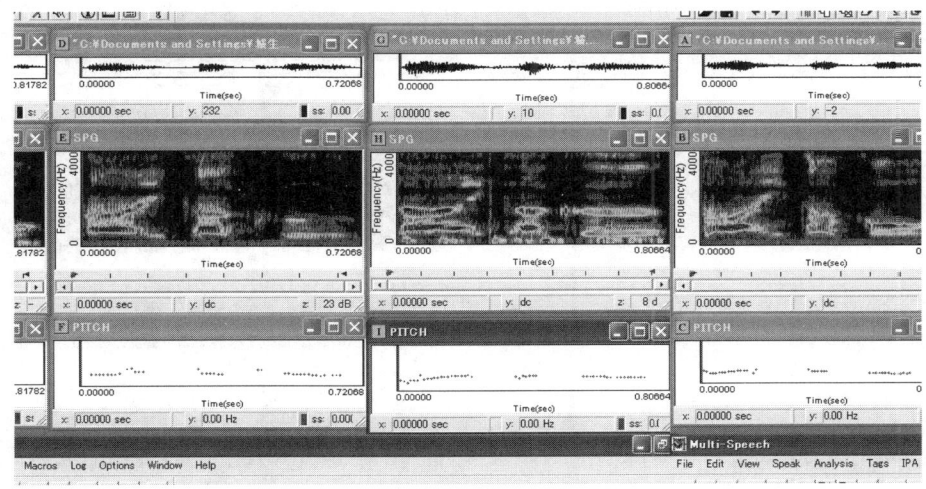

图 2-129 「大学」03

如果将以上所述的各个音节的基本波数数值化，则如表 2-385、2-386、2-387 所示（单位：Hz）。

表 2-385　第 1 次发声的基本波数

ダイ	ガ	ク
128	113	—

表 2-386　第 2 次发声的基本波数

ダイ	ガ	ク
115	92	120

表 2-387　第 3 次发声的基本波数

ダイ	ガ	ク
115	92	97

（4）受试者 04

图 2-130 所示的是受试者 04 的 3 次语音数据。音调模式从第 1 次到第 3 次全部为/HM-M-L/型。另外，在分节音方面，像［ダイガクー］这样不正确的长音化也很明显。

图 2-130 「大学」04

如果将以上所述的各个音节的基本波数数值化，则如表 2-388、2-389、2-390 所示（单位：Hz）。

表 2-388　第 1 次发声基本波数

ダイ	ガ	ク
120	120	111

表 2-389　第 2 次发声基本波数

ダイ	ガ	ク
117	120	116

表 2-390　第 3 次发声的基本波数

ダイ	ガ	ク
105	136	132

（5）受试者 05

图 2-131 所示的是受试者 05 的 3 次语音数据。第 1 次发声（左侧）的音调模式为/MH-H-L/型。但是，第 2 次以后变成了正确的/MH-H-H/型。

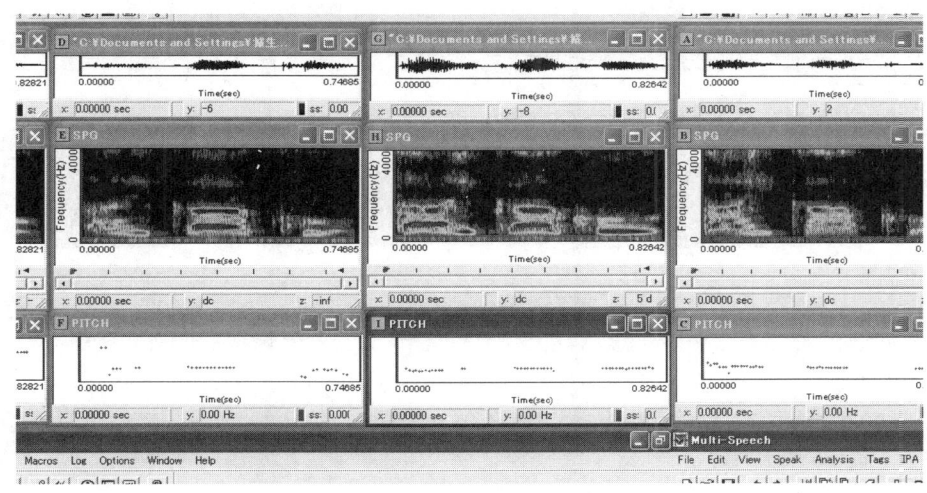

图 2-131 「大学」05

如果将以上所述的各个音节的基本波数数值化,则如表 2-391、2-392、2-393 所示(单位:Hz)。

表 2-391 第 1 次发声的基本波数

ダイ	ガ	ク
179	199	163

表 2-392 第 2 次发声的基本波数

ダイ	ガ	ク
162	191	232

表 2-393 第 3 次发声的基本波数

ダイ	ガ	ク
185	199	212

(6) 受试者 06

图 2-132 所示的是受试者 06 的 3 次语音数据。第 1 次发声(左侧)和第 2 次发声(正中)的音调模式为平坦型的/HH-H-H/。然而,第 3 次却变成了/LL-H-H/型这种不自然的模式。

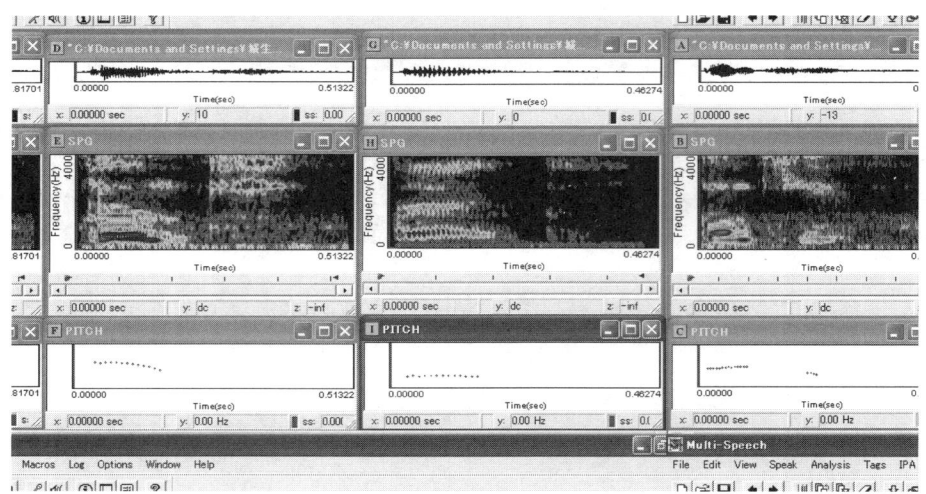

图 2-132 「大学」06

如果将以上所述的各个音节的基本波数数值化，则如表 2-394、2-395、2-396 所示（单位：Hz）。

表 2-394　第 1 次发声的基本波数

ダイ	ガ	ク
130	123	116

表 2-395　第 2 次发声的基本波数

ダイ	ガ	ク
127	132	121

表 2-396　第 3 次发声的基本波数

ダイ	ガ	ク
118	131	129

23.「電気」

（1）受试者 01

图 2-133 所示的是受试者 01 的 3 次语音数据。第 1 次发声（左侧）的音调模式为/HH-L/型。在第 2 次发声（中）和第 3 次发声（右侧）中被修正为/HM-L/型。但是，由于最终音节被无声化，不能对其进行音调测量。

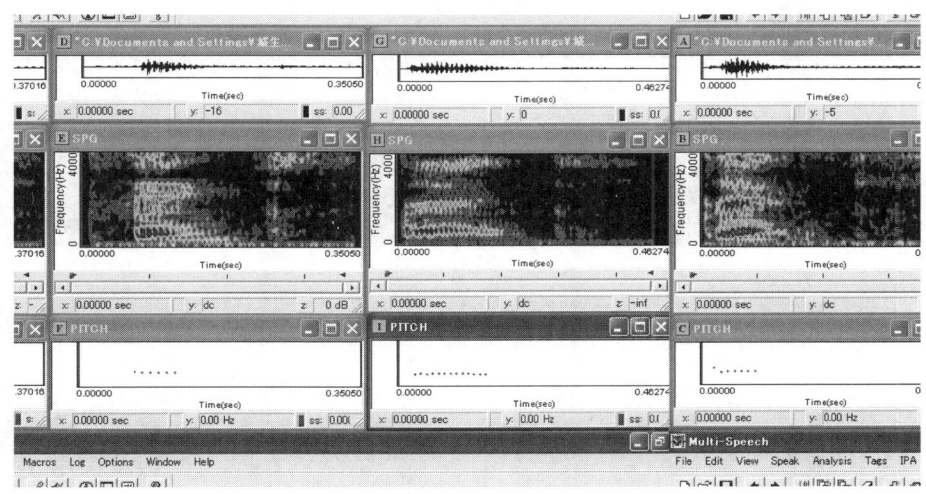

图 2-133 「電気」01

如果将以上所述的各个音节的基本波数数值化，则如表 2-397、2-398、2-399 所示（单位：Hz）。

表 2-397 第 1 次发声的基本波数

デン	キ
173	137

表 2-398 第 2 次发声的基本波数

デン	キ
197	—

表 2-399 第 3 次发声的基本波数

デン	キ
119	—

（2）受试者 02

图 2-134 所示的是受试者 02 的 3 次语音数据。从第 1 次发声（左侧）到第 3 次（右侧）发声，音调模式全部为平板型的/HH-H/，直到最后都没有掌握正确的音调模式。另外，由于第 2 次和第 3 次的最终音节无声化，所以无法进行音调测量。

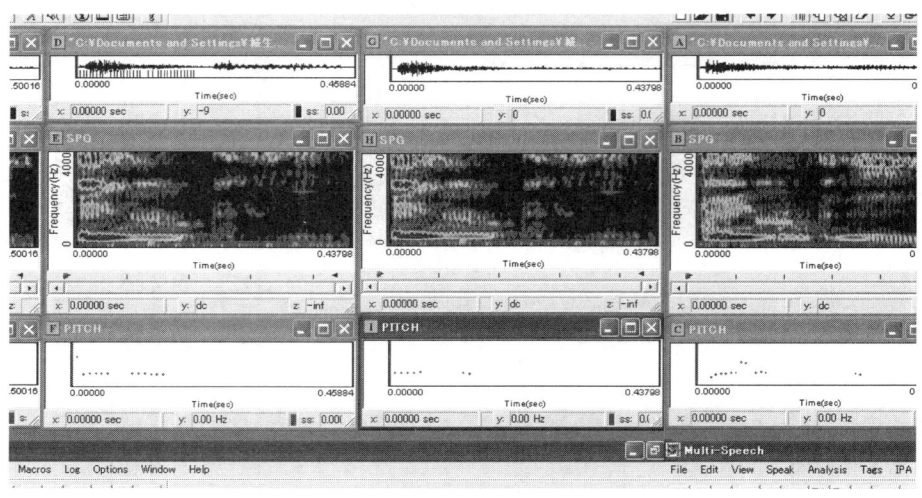

图 2-134 「電気」02

如果将以上所述的各个音节的基本波数数值化，则如表 2-400、2-401、2-402 所示（单位：Hz）。

表 2-400　第 1 次发声的基本波数

デン	キ
131	—

表 2-401　第 1 次发声的基本波数

デン	キ
131	—

表 2-402　第 3 次发声的基本波数

デン	キ
119	—

（3）受试者 03

图 2-135 所示的是受试者 03 的 3 次语音数据。第 1 次发声（左侧）的音调模式为 /MH-H/ 型。第 2 次以后的音调模式为 /HM-L/ 型，得到了改善。但是，由于最后一个音节是无声的，所以其音调无法测量。

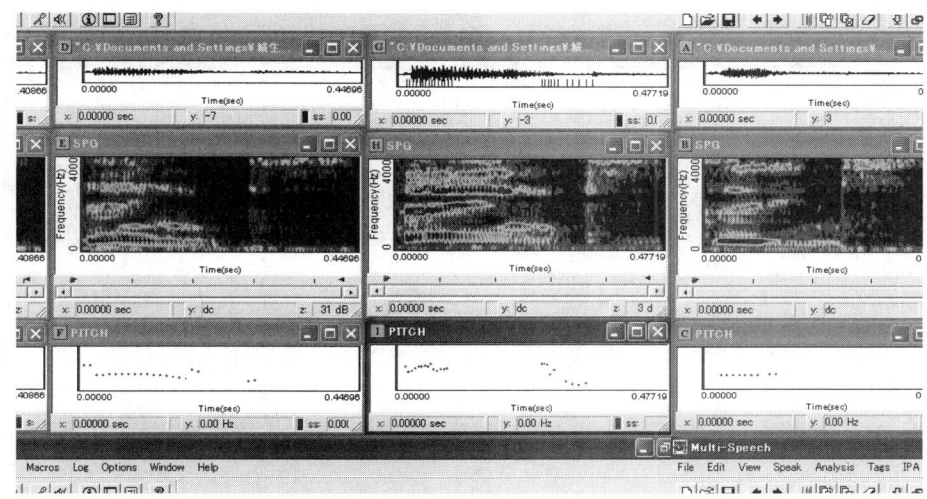

图 2-135 「電気」03

如果将以上所述的各个音节的基本波数数值化,则如表 2-403、2-404、2-405 所示(单位:Hz)。

表 2-403 第 1 次发声的基本波数

デン	キ
122	120

表 2-404 第 2 次发声的基本波数

デン	キ
126	—

表 2-405 第 3 次发声的基本波数

デン	キ
126	—

(4)受试者 04

图 2-136 所示的是受试者 04 的 3 次语音数据。第 1 次发声的音调模式为 /MH-H/ 型(其中,最终音节无声化),第 2 次为 /HM-L/ 型,第 3 次为 /HH-L/ 型。第 2 次是正确的音调,而第 3 次是第 1 次和第 2 次相结合的音调模式,从这一点可以看出该受试者还没有完全掌握正确的音调。

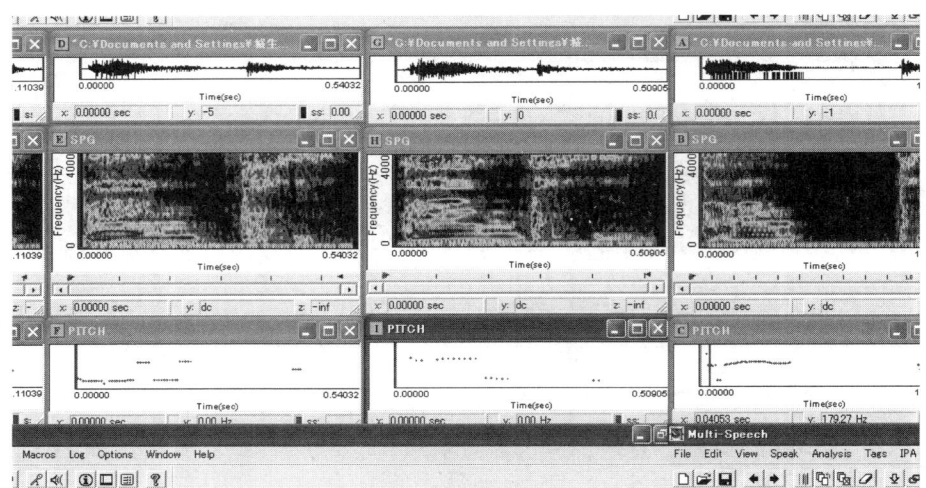

图 2-136 「電気」04

如果将以上所述的各个音节的基本波数数值化，则如表 2-406、2-407、2-408 所示（单位：Hz）。

表 2-406　第 1 次发声的基本波数

デン	キ
139	—

表 2-407　第 2 次发声的基本波数

デン	キ
148	108

表 2-408　第 3 次发声的基本波数

デン	キ
186	101

（5）受试者 05

图 2-137 所示的是受试者 05 的 3 次语音数据。第 1 次发声（左侧）的音调模式为/HH-L/型。但是，第 2 次以后变成了接近正确的/HM-L/型和/HH-L/型。另外，分节音在第 1 次为［デーンキ］，第 2 次为［デンチ］，但第 3 次正确地调音为［デンキ］。

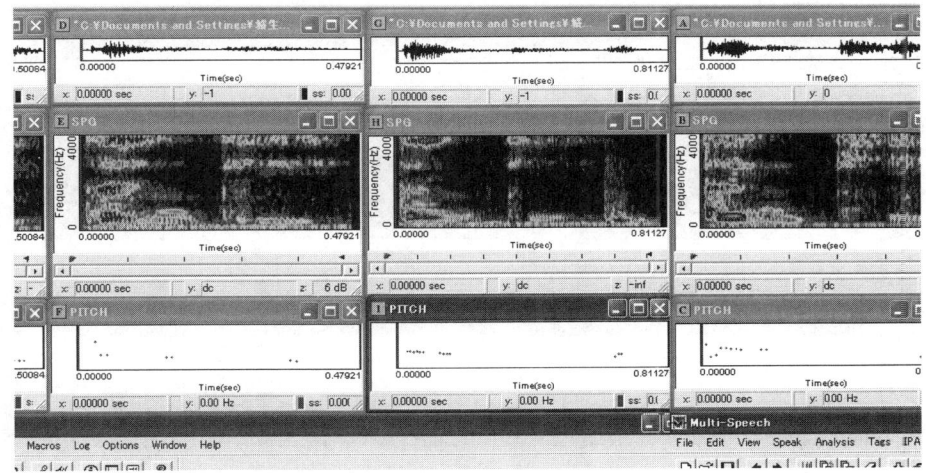

图 2-137 「電気」05

如果将以上所述的各个音节的基本波数数值化,则如表 2-409、2-410、2-411 所示（单位：Hz）。

表 2-409　第 1 次发声的基本波数

デン	キ
199	152

表 2-410　第 2 次发声的基本波数

デン	キ
202	163

表 2-411　第 3 次发声的基本波数

デン	キ
215	91

（6）受试者 06

图 2-138 所示的是受试者 06 的 3 次语音数据。第 1 次发声（左侧）的音调模式为/HL-L/型,是正确的日语音调。但是,第 2 次是/HH-L/型,有轻微错误。而第 3 次又回到了/HL-L/型这一正确的模式。

但是,在分节音方面,从第 1 次到第 3 次全部将最终音节长音化。另外,第 1 次和第 3 次发声时［キー］使用了中文的有气音。而且,在第 2 次发声中变成了［テンキー］,把有声错误地读成了无声。

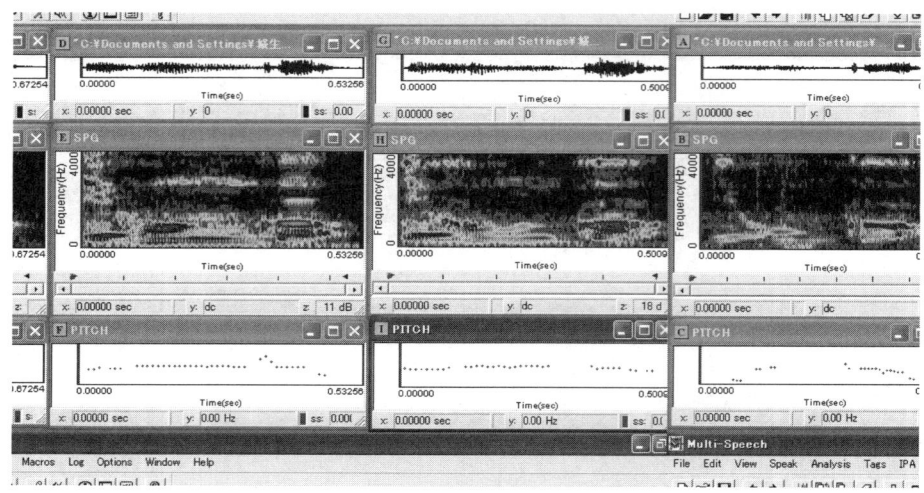

图 2-138 「電気」06

如果将以上所述的各个音节的基本波数数值化,则如表 2-412、2-413、2-414 所示(单位:Hz)。

表 2-412　第 1 次发声的基本波数

デン	キ
153	98

表 2-413　第 2 次发声的基本波数

デン	キ
136	101

表 2-414　第 3 次发声的基本波数

デン	キ
141	124

24.「日本語」

(1) 受试者 01

图 2-139 所示的是受试者 01 的 3 次语音数据。从第 1 次发声(左侧)到第 3 次发声(右侧),音调模式全部为/L-HH-H/型。但是,第 1 次发声中的［ホ］被有声化,接近［オ］。

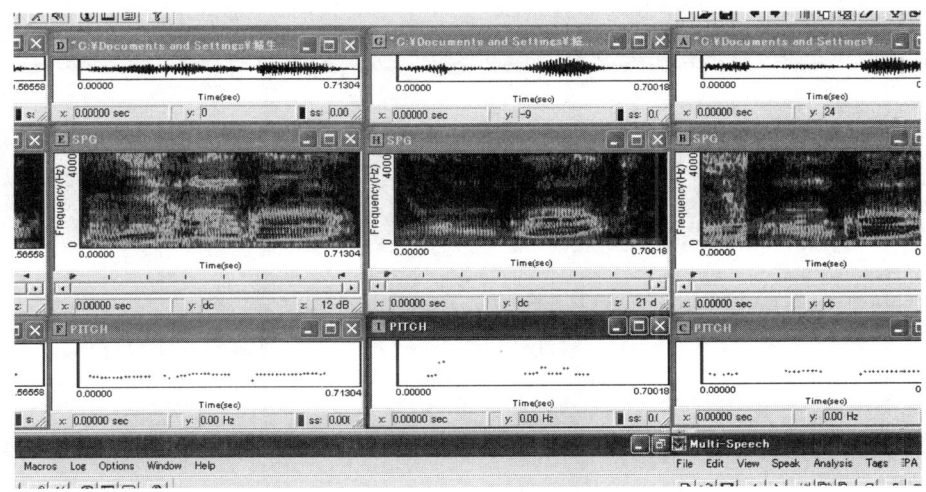

图 2-139 「日本語」01

如果将以上所述的各个音节中的基本波数数值化,则如表 2-415、2-416、2-417 所示(单位:Hz)。

表 2-415 第 1 次发声的基本波数

ニ	ホン	ゴ
155	188	149

表 2-416 第 2 次发声的基本波数

ニ	ホン	ゴ
154	167	232

表 2-417 第 3 次发声的基本波数

ニ	ホン	ゴ
152	169	175

(2) 受试者 02

图 2-140 所示的是受试者 02 的 3 次语音数据。从第 1 次发声(左侧)到第 3 次发声(右侧),音调模式全部成为平板型的/L-HH-H/,是正确的日语音调。但是,在第 3 次发声中,ハ行音被有声化,读成了[ニオンゴ]。

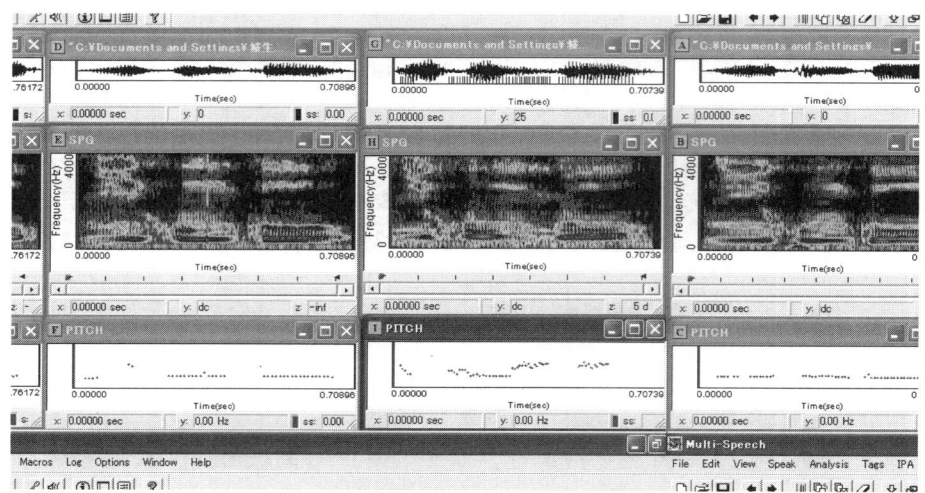

图 2-140 「日本語」02

如果将以上所述的各个音节的基本波数数值化，则如表 2-418、2-419、2-420 所示（单位：Hz）。

表 2-418　第 1 次发声的基本波数

ニ	ホン	ゴ
109	126	119

表 2-419　第 2 次发声的基本波数

ニ	ホン	ゴ
108	125	123

表 2-420　第 3 次发声的基本波数

ニ	ホン	ゴ
107	114	113

（3）受试者 03

图 2-141 所示的是受试者 03 的 3 次语音数据。从第 1 次发声（左侧）到第 3 次发声（右侧），音调模式全部为平板型的/L-HH-H/，是正确的日语音调。但是，第 1 次和第 2 次的词头音节变长，读成了［ニー］。第 3 次发声的重音和分节音都正确。

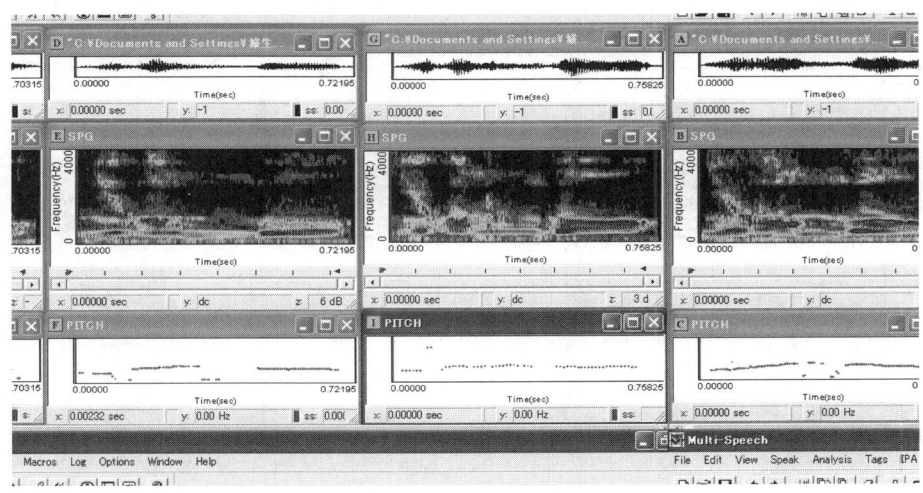

图 2-141 「日本語」03

如果将以上所述的各个音节的基本波数数值化,则如表 2-421、2-422、2-423 所示(单位:Hz)。

表 2-421　第 1 次发声的基本波数

ニ	ホン	ゴ
121	125	115

表 2-442　第 2 次发声的基本波数

ニ	ホン	ゴ
109	124	120

表 2-443　第 3 次发声的基本波数

ニ	ホン	ゴ
117	163	164

(4) 受试者 04

图 2-142 所示的是受试者 04 的 3 次语音数据。从第 1 次发声(左侧)到第 3 次发声(右侧),音调模式全部为平板型的/L-HH-H/,是正确的日语音调。但是,该受试者从一开始就擅长调音,可以说完全没有受到教学的影响。

图 2-142 「日本語」04

如果将以上所述的各个音节的基本波数数值化,则如表 2-424、2-425、2-426 所示(单位:Hz)。

表 2-424 第 1 次发声的基本波数

ニ	ホン	ゴ
121	142	142

表 2-425 第 2 次发声的基本波数

ニ	ホン	ゴ
109	144	134

表 2-426 第 3 次发声的基本波数

ニ	ホン	ゴ
114	140	133

(5) 受试者 05

图 2-143 所示的是受试者 05 的 3 次语音数据。第 1 次发声(左侧)的音调模式为起伏式的/M-HH-L/型。但是,第 2 次以后变成了正确的平板型。

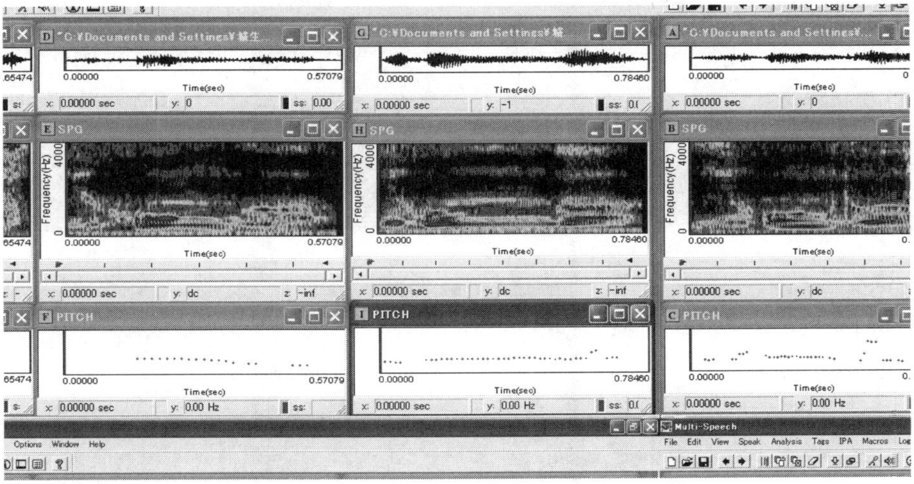

图 2-143 「日本語」05

如果将以上所述的各个音节的基本波数数值化,则如表 2-427、2-428、2-429 所示(单位:Hz)。

表 2-427　第 1 次发声的基本波数

ニ	ホン	ゴ
173	212	154

表 2-428　第 2 次发声的基本波数

ニ	ホン	ゴ
186	206	172

表 2-429　第 3 次发声的基本波数

ニ	ホン	ゴ
173	202	193

(6) 受试者 06

图 2-144 所示的是受试者 06 的 3 次语音数据。第 1 次和第 2 次发声的音调模式为起伏式的/M-HM-L/型。另外,第 2 次以后,分节音变成了［ニホンガ］。第 3 次,由于音调较平,成为像「日本画」的读音一样的音调。

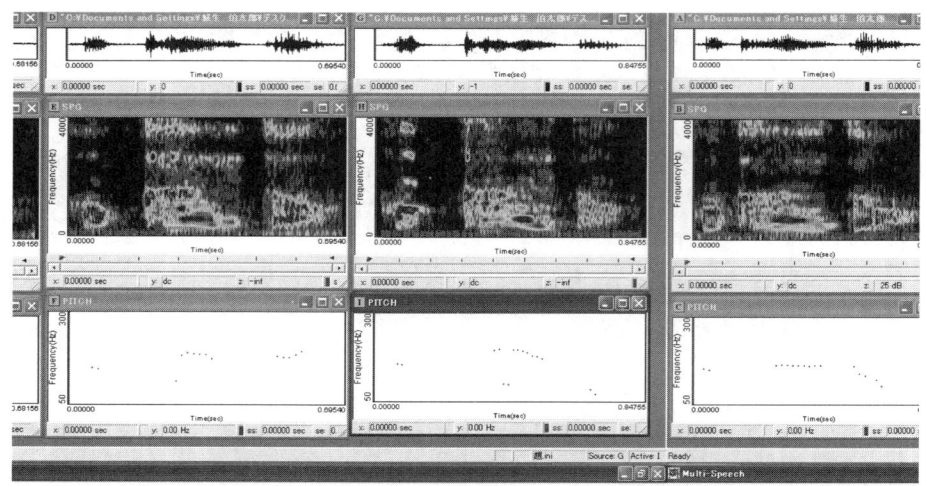

图 2-144　「日本語」06

如果将以上所述的各个音节的基本波数数值化，则如表 2-430、2-431、2-432 所示（单位：Hz）。

表 2-430　第 1 次发声的基本波数

ニ	ホン	ゴ
120	134	110

表 2-431　第 2 次发声的基本波数

ニ	ホン	ゴ
140	138	104

表 2-432　第 3 次发声的基本波数

ニ	ホン	ゴ
114	132	129

25.「北海道」

（1）受试者 01

图 2-145 所示的是受试者 01 的 3 次语音数据。从第 1 次发声（左侧）到第 3 次发声（右侧），音调模式全部为/L-HM-L/型，是正确的日语音调。但是，第 1 次发声的分节音是［ホカイドー］，没有发出促音。从第 2 次开始变成了自然的日语。

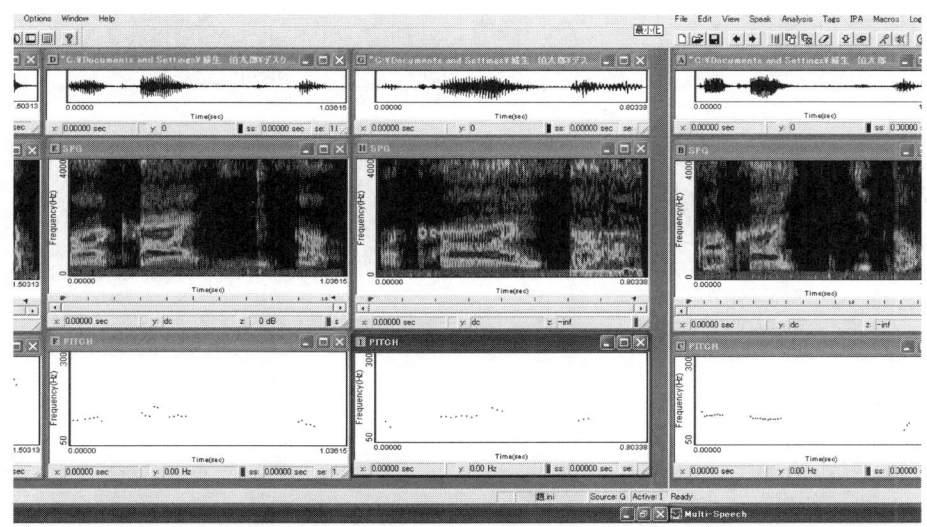

图 2-145 「北海道」01

如果将以上所述的各个音节的基本波数数值化,则如表 2-433、2-434、2-435 所示(单位:Hz)。

表 2-433 第 1 次发声的基本波数

ホッ	カイ	ドー
155	188	149

表 2-434 第 2 次发声的基本波数

ホッ	カイ	ドー
151	191	141

表 2-435 第 3 次发声的基本波数

ホッ	カイ	ドー
163	196	88

(2) 受试者 02

图 2-146 所示的是受试者 02 的 3 次语音数据。在第 1 次和第 2 次发声时进行了拾读,分节音为 [ホカ・イ・ドー],音调模式是/M-H-L/型。第 3 次的发声更加流畅,但因为没有促音,所以变成了 [ホカイドー],而音调模式变成了/L-HM-LL/型,接近自然的日语。

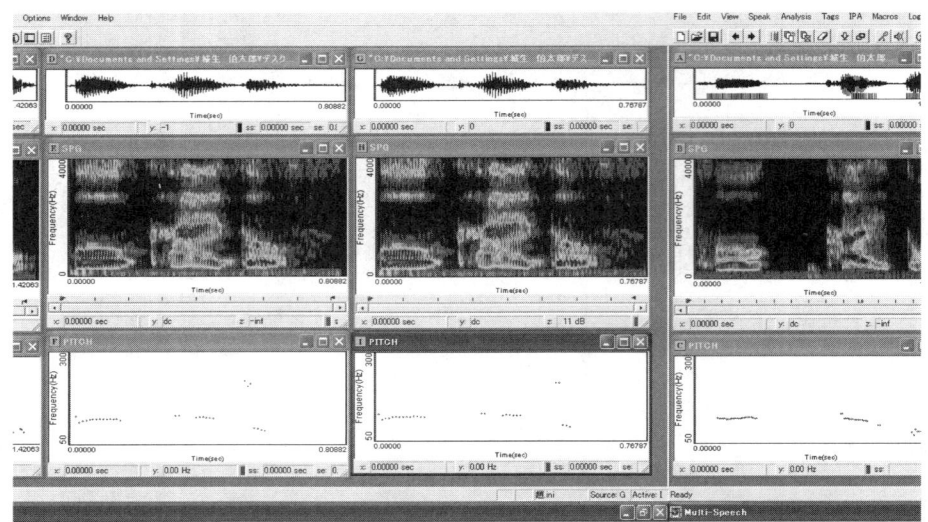

图 2-146 「北海道」02

如果将以上所述的各个音节的基本波数数值化,则如表 2-436、2-437、2-438 所示(单位:Hz)。

表 2-436 第 1 次发声的基本波数

ホッ	カイ	ドー
134	126	106

表 2-437 第 2 次发声的基本波数

ホッ	カイ	ドー
123	126	113

表 2-438 第 3 次发声的基本波数

ホッ	カイ	ドー
109	123	115

(3) 受试者 03

图 2-147 所示的是受试者 03 的 3 次语音数据。从第 1 次发声(左侧)到第 3 次发声(右侧),音调模式全部为/M-HM-LL/型,是正确的日语音调。但是,由于第 1 次分节音没有发出促音,所以变成了[ホーッカイド]。从第 2 次开始就变成了正确的音调。

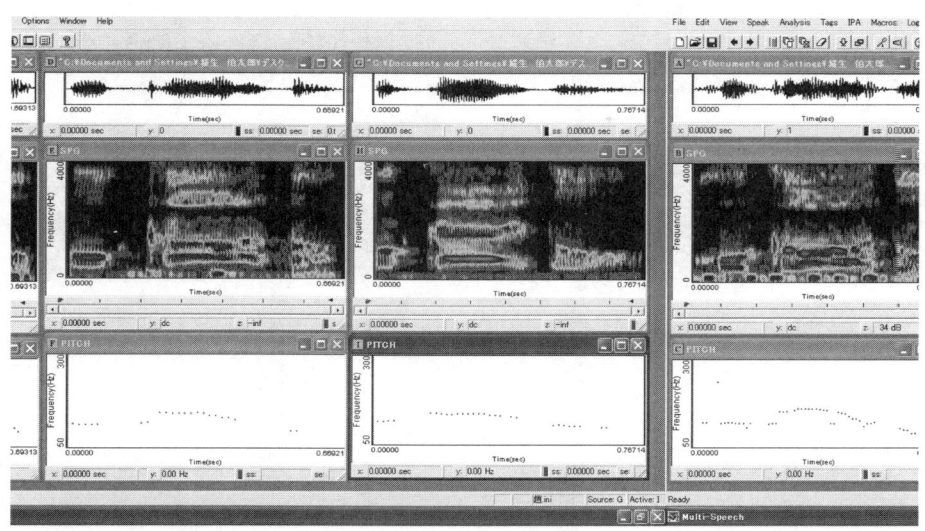

图 2-147 「北海道」03

如果将以上所述的各个音节的基本波数数值化,则如表 2-439、2-440、2-441 所示（单位：Hz）。

表 2-439　第 1 次发声的基本波数

ホッ	カイ	ドー
123	117	91

表 2-440　第 2 次发声的基本波数

ホッ	カイ	ドー
119	123	96

表 2-441　第 3 次发声的基本波数

ホッ	カイ	ドー
119	124	96

(4) 受试者 04

图 2-148 所示的是受试者 04 的 3 次语音数据。从第 1 次发声（左侧）到第 3 次发声（右侧），音调模式全部为/M-HM-LL/型，是正确的日语音调。但是分节音不正确,第 1 次和第 2 次是［ホカード］,第 3 次是［ホカーイド］。

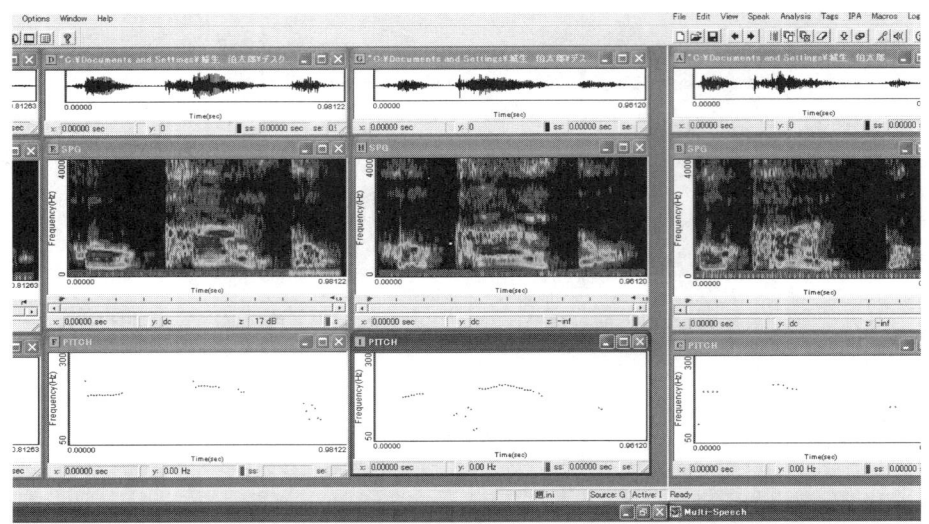

图 2-148 「北海道」04

如果将以上所述的各个音节的基本波数数值化，则如表 2-442、2-443、2-444 所示（单位：Hz）。

表 2-442　第 1 次发声的基本波数

ホッ	カイ	ドー
121	161	100

表 2-443　第 2 次发声的基本波数

ホッ	カイ	ドー
114	144	97

表 2-444　第 3 次发声基本波数

ホッ	カイ	ドー
117	138	104

（5）受试者 05

图 2-149 所示的是受试者 05 的 3 次语音数据。从第 1 次发声（左侧）到第 3 次发声（右侧），音调模式全部为/M-HM-LL/型，是正确的日语音调。但是分节音不正确，第 1 次和第 2 次是［ホカーイド］。到了第 3 次，得到了很大的改善，也能发出促音了。最后一个音节的长元音虽然偏短，但与此前相比有了显著的进步。

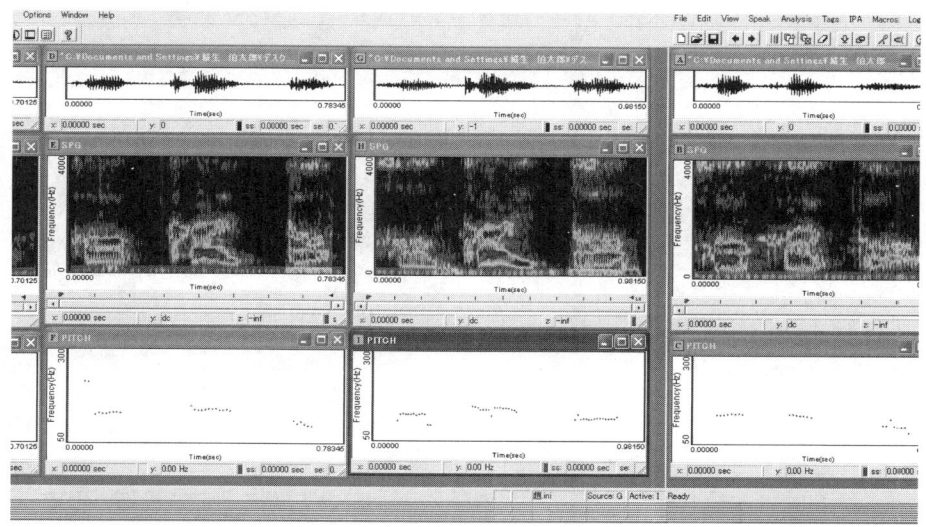

图 2-149　「北海道」05

如果将以上所述的各个音节的基本波数数值化，则如表 2-445、2-446、2-447 所示（单位：Hz）。

表 2-445　第 1 次发声的基本波数

ホッ	カイ	ドー
197	218	154

表 2-446　第 2 次发声的基本波数

ホッ	カイ	ドー
185	210	158

表 2-447　第 3 次发声的基本波数

ホッ	カイ	ドー
180	200	144

（6）受试者 06

图 2-150 所示的是受试者 06 的 3 次语音数据。从第 1 次发声（左侧）到第 3 次发声（右侧），音调模式全部为 /M-HM-LL/ 型，是正确的日语音调。但是分节音不正确，第 1 次和第 3 次是［コーカイドー］，第 2 次是［コーカイド］。

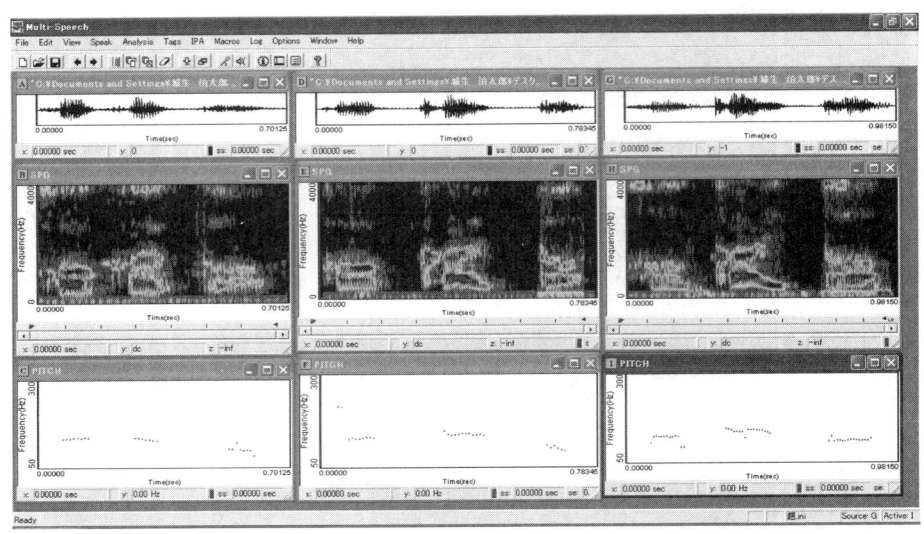

图 2-150 「北海道」06

如果将以上所述的各个音节的基本波数数值化,则如表 2-448、2-449、2-450 所示(单位:Hz)。

表 2-448　第 1 次发声的基本波数

ホッ	カイ	ドー
136	132	103

表 2-449　第 2 次发声的基本波数

ホッ	カイ	ドー
129	142	101

表 2-450　第 3 次发声的基本波数

ホッ	カイ	ドー
127	144	111

第 3 章

实验结果

第 1 节　受试者数据评价

评价的方法多种多样。在心理学和教育学中，一般都会进行统计处理，主张数据的可靠性。但是，这并不是唯一的评价方法。

在本书中，上一章节分析的语音数据是以音调曲线的整体形状为中心的，通过对照出现在频谱图中的元音、辅音的波数成分的形状，目测得出接近自然的日语调音，并用 1~3 的数值对其结果进行评分。另外，这里将 3 设为最接近自然的日语的水平，将 2 设为中等水平，将 1 设为最不自然、不像日语的水平。

在下表 3-1 至 3-6 中，奇数编号的①、③、⑤表示接受直接教学法的受试者，偶数编号的②、④、⑥表示接受传统翻译教学法的受试者。另外，数据编号 1-1 表示受试者①的第 1 次调音，1-2 表示第 2 次调音，1-3 表示第 3 次调音。以此类推，2-1 至 6-3 也表示相应内容。

表 3-1　受试者①的评价结果

①	1-1	1-2	1-3
アルバイト（打工）	1	1	2
クリスマス（圣诞）	2	3	3
サンドイッチ（三明治）	1	2	3
ショック（休克）	2	3	3
バス（公共汽车）	1	2	3

续表

①	1-1	1-2	1-3
ビール（啤酒）	1	2	3
ベッド（床）	2	2	2
ペッド（宠物）	1	2	3
ボックス（盒子）	1	2	3
マレーシア（马来西亚）	2	2	2
ゆっくり（慢慢）	1	2	2
ラーメン（拉面）	2	3	3
ライター（打火机）	1	1	1
学校（学校）	1	3	3
喫茶店（咖啡店）	1	2	3
牛乳（牛奶）	2	2	2
公園（公园）	1	1	1
今週（这周）	2	2	3
出張（出差）	1	1	2
専門（专业的）	1	1	2
洗濯（洗涤）	2	2	3
大学（大学）	1	2	3

续表

①	1-1	1-2	1-3
電気 （电）	1	2	3
日本語 （日语）	2	2	3
北海道 （北海道）	1	2	3

从表 3-1 的评价结果来看，受试者①虽然也有一部分发声像"公园"这样从始至终都看不到进步的例子，但总的来说，每一次都较上一有所改善，可以看出越来越接近自然的日语。

表 3-2 受试者②的评价结果

②	2-1	2-2	2-3
アルバイト （打工）	2	2	2
クリスマス （圣诞）	1	2	2
サンドイッチ （三明治）	3	3	3
ショック （休克）	2	2	2
バス （公共汽车）	1	1	1
ビール （啤酒）	1	1	1
ベッド （床）	1	2	2
ペッド （宠物）	2	2	2
ボックス （盒子）	1	1	1
マレーシア （马来西亚）	2	2	2

续表

②	2-1	2-2	2-3
ゆっくり（慢慢）	2	2	2
ラーメン（拉面）	1	1	1
ライター（打火机）	2	2	2
学校（学校）	1	1	2
喫茶店（咖啡店）	3	3	3
牛乳（牛奶）	2	2	2
公園（公园）	1	1	1
今週（这周）	2	2	3
出張（出差）	1	1	1
専門（专业的）	1	1	2
洗濯（洗涤）	1	2	2
大学（大学）	1	2	3
電気（电）	2	2	3
日本語（日语）	2	2	2
北海道（北海道）	1	2	2

与表 3-1 的数据相比，受试者②在大部分情况下从第 1 次到第 3 次发声都没有显著的进步，也就是说没有掌握正确音调的要点。翻译教学法的特点是先把外语译成本国语言再传授给学习者。学习者在学习发音时，仍然使用中文的拼音标

记，模仿发音。从这一点来看，与受试者①相比，受试者②没有明显的进步可能是这个原因所致。

表 3-3　受试者③的评价结果

③	3-1	3-2	3-3
アルバイト（打工）	2	3	3
クリスマス（圣诞）	1	2	3
サンドイッチ（三明治）	1	1	3
ショック（休克）	1	1	3
バス（公共汽车）	3	3	3
ビール（啤酒）	1	2	3
ベッド（床）	1	2	3
ペッド（宠物）	2	2	3
ボックス（盒子）	1	2	3
マレーシア（马来西亚）	1	2	2
ゆっくり（慢慢）	1	2	3
ラーメン（拉面）	2	3	3
ライター（打火机）	2	3	3
学校（学校）	2	2	2
喫茶店（咖啡店）	1	1	2

续表

③	3-1	3-2	3-3
牛乳 （牛奶）	1	2	3
公園 （公园）	2	2	3
今週 （这周）	2	2	3
出張 （出差）	1	2	3
専門 （专业的）	1	3	3
洗濯 （洗涤）	2	3	3
大学 （大学）	1	2	2
電気 （电）	1	3	3
日本語 （日语）	1	3	3
北海道 （北海道）	1	2	3

受试者③表现出与表 3-1 的受试者①非常相似的音调模式。例如，从重音来看，在第 1 次发声中，音调像汉语的 4 声那样从高到低下降，但渐渐地像日语那样在一拍的内部抑制音调变化，接近自然的日语。

另外，从促音来看，一开始完全找不到感觉，但随着发声的次数增加，渐渐接近自然的日语。

表 3-4　受试者④的评价结果

④	4-1	4-2	4-3
アルバイト （打工）	1	2	3
クリスマス （圣诞）	1	1	1

续表

④	4-1	4-2	4-3
サンドイッチ（三明治）	1	2	2
ショック（休克）	1	2	2
バス（公共汽车）	1	1	3
ビール（啤酒）	3	3	3
ベッド（床）	1	1	2
ペッド（宠物）	1	1	2
ボックス（盒子）	1	2	3
マレーシア（马来西亚）	1	1	1
ゆっくり（慢慢）	3	3	3
ラーメン（拉面）	1	1	3
ライター（打火机）	1	2	3
学校（学校）	3	3	3
喫茶店（咖啡店）	1	1	2
牛乳（牛奶）	2	3	3
公園（公园）	2	3	3
今週（这周）	1	1	2
出張（出差）	1	1	3

续表

④	4-1	4-2	4-3
専門 （专业的）	2	2	3
洗濯 （洗涤）	2	2	3
大学 （大学）	1	2	2
電気 （电）	2	2	2
日本語 （日语）	2	3	3
北海道 （北海道）	1	1	2

从受试者④的数据可以看出，从第1次发声到第3次发声，随着次数的增加，受试者④的日语发音也出现了微小的变化，但与表3-2相同，没有明显的进步。

表3-5　受试者⑤的评价结果

⑤	5-1	5-2	5-3
アルバイト （打工）	2	3	3
クリスマス （圣诞）	1	1	1
サンドイッチ （三明治）	1	2	3
ショック （休克）	1	3	3
バス （公共汽车）	1	2	3
ビール （啤酒）	1	1	3
ベッド （床）	2	3	3

续表

⑤	5-1	5-2	5-3
ペッド （宠物）	1	2	3
ボックス （盒子）	2	3	3
マレーシア （马来西亚）	1	2	3
ゆっくり （慢慢）	1	2	2
ラーメン （拉面）	3	3	3
ライター （打火机）	1	2	3
学校 （学校）	1	2	3
喫茶店 （咖啡店）	2	2	3
牛乳 （牛奶）	1	2	3
公園 （公园）	2	3	3
今週 （这周）	1	1	3
出張 （出差）	1	1	2
専門 （专业的）	2	2	3
洗濯 （洗涤）	1	1	1
大学 （大学）	1	2	2
電気 （电）	1	3	3
日本語 （日语）	1	2	2

续表

⑤	5-1	5-2	5-3
北海道 （北海道）	1	2	3

受试者⑤的3次结果与前面所示的表5-1、表5-3一样，从第1次到第3次发声，每次都有所进步，促音也可以在所有的发声中观察到。虽然最初也有听起来不自然的音调，但每一次的进步都很明显，也掌握了长音的节拍感。虽然3次的音调模式都没有变化，但愈加流畅，有所进步。

另外，从3次数据的评价结果来看，该受试者从一开始就达到了一定的水平，通过之后的学习取得了进一步的进步。

表 3-6　受试者⑥的评价结果

⑥	6-1	6-2	6-3
アルバイト （打工）	1	3	3
クリスマス （圣诞）	1	1	1
サンドイッチ （三明治）	1	2	2
ショック （休克）	1	2	1
バス （公共汽车）	1	2	2
ビール （啤酒）	1	3	2
ベッド （床）	2	2	3
ペッド （宠物）	1	2	2
ボックス （盒子）	3	3	3
マレーシア （马来西亚）	1	1	1
ゆっくり （慢慢）	1	1	1

续表

⑥	6-1	6-2	6-3
ラーメン （拉面）	3	3	3
ライター （打火机）	3	1	3
学校 （学校）	2	2	2
喫茶店 （咖啡店）	2	2	2
牛乳 （牛奶）	1	2	3
公園 （公园）	2	2	3
今週 （这周）	1	1	2
出張 （出差）	1	1	2
専門 （专业的）	1	1	3
洗濯 （洗涤）	1	1	1
大学 （大学）	1	2	3
電気 （电）	3	3	3
日本語 （日语）	1	1	2
北海道 （北海道）	1	2	2

该学习者的情况也与前面列举的表 3-2、3-4 大致相同，从第 1 次到第 3 次未发现明显的变化。

第 2 节　实验结果分析

根据以上评价结果，明确了以下内容。

在使用翻译教学法的情况下，由于是将原文和翻译进行比较来教学，所以无论如何都会有很强的依赖文字的倾向。因此，与句型的理解相比，语音的学习容易被疏忽。在很多情况下，学习者只会拼命地记译文，教师也只在如何翻译上倾注心力。

在使用翻译教学法的情况下，由于重点放在内容的理解上，表达能力的培养不太被重视，仅仅满足于译文的获得。因此，在使用翻译教学法进行教学的情况下，学习者的阅读能力会变强，但不能培养外语会话能力和语感等。

在使用直接教学法的情况下，抽象的学习确实很难。一般认为，用语音语言很难解释抽象的语句，让人在短时间内正确理解词语的意思。使用图画作为辅助手段可能有助于理解，但是因图画选择的不同有时会产生不同的理解方法。例如，「花がいい」和「いい花」，「行く」和「歩く」等容易被混淆，对于学习者来说，既难以辨别，也难以理解。

以上总结了两者的缺点，但本书的目的并不在于判定翻译教学法和直接教学法的优劣。两者各有优点和缺点，采用哪种方法应该根据实际的教学情况来决定。对于初级的日语学习者来说，应该采用翻译教学法还是直接教学法不能一概而论。从现状来看，在外语类高中和大学，主要通过教材等书面资料学习日语的情况下，采用的是翻译教学法。与此相对，对于日本国内的日语教育机构的留学生等大多采用直接教学法。

可以说，在中国的日语教育中，几乎没有采用纯粹的翻译教学法、纯粹的直接教学法的情况。在目前的日语教育中，虽然教科书上有单词或者句子的对译，但是在授课的时候，几乎都只用日语进行。在使用翻译教学法的情况下，不仅教科书上有对译，在课堂中也会使用对译进行解释，在授课的时候也会直接采用大量的语音练习。然而，由于教师人数不足，即使直接进行语音教学，有时效果也并不理想。对于初级日语学习者而言，由于学习内容比较简单，所以学习者和教师也可以不使用母语，只通过语音来进行某种程度的教学。笔者认为这一点正是直接教学法在初级日语学习者教育中的压倒性优势。因此，在今后的日语语音教学中采用直接教学法是有利的。

第 4 章

音声学视角下两种教学法的分析与应用

第 1 节 直接教学法的总结

直接教学法是一种常见的教学方法，通过教师直接向学生教授知识和技能，帮助他们更好地掌握所学内容。本书总结了直接教学法的优点、缺点、应用情况，并提出了一些改进建议。直接教学法的优点在于能够有效地提高学生的学习效果。通过教师的直接指导，学生可以更快地掌握所学知识，并且可以在教师的帮助下进行有针对性的练习，从而更好地巩固所学内容。此外，直接教学法还可以培养学生的自主学习能力。在教师的指导下，学生可以逐渐学会如何自我学习、自我管理和自我评价，从而更好地适应不断变化的学习环境。但直接教学法也存在一些缺点。首先，它容易忽略学生的个性化需求。在传统的教学模式下，教师往往只关注大多数学生的需求，而忽略了某些学生的特殊需求，从而导致教学效果不佳。其次，直接教学法难以实现实时互动。在课堂教学中，教师往往无法及时了解每个学生的学习情况，也无法及时调整教学策略以满足学生的需求。

目前，直接教学法在各类学校和培训机构中得到了广泛应用。无论是在中小学、大学还是职业培训机构中，都可以看到直接教学法的身影。这种教学方法适用于不同年龄段和不同层次的学生，可以帮助学生快速掌握基础知识和基本技能。为了更好地发挥直接教学法的优势，弥补其不足，可以采取一些改进措施。首先，教师需要关注学生的个性化需求并加强与学生的互动。其次，教师可以采用混合式教学方法，将在线教学和传统教学相结合，兼顾不同学生的需求，提高教学效果。此外，教师还可以通过不断学习和实践，提高自己的教学水平，以满足学生的需求。

1. 直接教学法的优点

这种以教师为主导的教学方法，旨在向学生传授特定的知识和技能。直接教

学法作为一种传统的教学方法，在教育领域具有悠久的历史。然而，随着教育观念的不断更新和教学方法的多样化，直接教学法在近年来受到了一定程度的质疑。事实上，大量研究和实践表明，直接教学法在提高学生的学术成绩、培养学生的自主学习能力和发展学生的认知能力等方面具有显著的优点。本节将对直接教学法的优点进行总结，为教育工作者提供有益的参考。

直接教学法在提高学生的知识掌握水平方面有两个优势。一是能进行系统性的知识传授。直接教学法强调知识的系统性和连贯性，有助于学生更好地掌握知识。在直接教学法的课堂上，教师按照学科体系和知识结构系统地向学生传授知识，使学生能够更加全面、深入地理解学科内容。二是有明确的教学目标。直接教学法注重教学目标的明确性，有助于学生明确学习目标，提高学习效果。在直接教学法的课堂上，教师会明确地告诉学生本节课的学习目标，使学生能够更加清晰地了解自己的学习任务，从而提高学习效果。

直接教学法注重教学目标的明确性和评估方法的科学性，有助于提高学生的学习成绩。在直接教学法的课堂上，教师会根据学科特点和学生需求，采用适当的评估方法，如测验、作业、考试等，对学生的学习成果进行科学、客观的评价。直接教学法在提高学生的学习成绩方面，有以下几点优势。首先，可以提高学生的学习效率。直接教学法通过清晰、有序的讲解和练习，有助于提高学生的学习效率。在直接教学法的课堂上，教师会采用简洁明了的语言，系统地讲解知识点，并配以适当的练习，使学生在较短的时间内掌握知识。其次，能够激发学生的学习兴趣。直接教学法强调教师的主导地位，注重激发学生的学习兴趣。教师通过生动、形象的教学手段，引导学生积极参与课堂活动，从而提高学生的学习兴趣。再次，直接教学法还可以保持学生的学习动力。在直接教学法的课堂上，教师会及时对学生的学习成果进行评价和反馈，使学生能够清楚地了解自己的学习进展，从而保持学习的动力。最后，直接教学法能够培养学生的学习策略。直接教学法注重学生的积极参与和互动，有助于培养学生的自主学习能力。在直接教学法的课堂上，学生需要通过观察、思考、讨论等方式参与学习过程，从而培养自己的自主学习能力。直接教学法注重学生的互动和合作，有助于培养学生的合作学习能力。在课堂上，学生有机会进行小组讨论、合作解决问题等，从而培养自己的合作学习能力。

在提高学生的思维能力方面，直接教学法能够培养学生的逻辑思维能力、创新思维能力和创新意识。直接教学法注重知识的系统性和连贯性，有助于培养学生的逻辑思维能力。在课堂上，学生需要通过观察、分析、归纳等方式进行学习，从而锻炼自己的逻辑思维能力。此外，此方法还强调学生的积极参与和互动，有助于培养学生的创新思维能力，学生有机会进行独立思考和创新实践，从而提升自己的创新思维能力。

总之，直接教学法作为一种以教师为主导的教学方法，在提高学生的学术成绩、培养学生的自主学习能力和发展学生的认知能力等方面具有显著的优点。然而，这并不意味着直接教学法是完美的教学方法。在实际教学中，教师应根据学生的特点和需求，灵活运用各种教学方法，以实现最佳的教育效果。

2. 直接教学法的缺点

直接教学法以教师为中心，依赖课本，通过系统的讲解和示范传授知识和技能，尤其在中小学阶段广为应用。然而，这种教学方法的缺点也日益突显，需要我们深入探讨如何更好地进行教育教学。

首先，其缺点表现在限制学生思考与创新、教学效果的局限性、缺乏实践与应用、难以适应多样化的学习风格几个方面。第一，直接教学法倾向于以线性的方式向学生灌输知识，忽视学生在学习过程中的主动性，易使学生形成被动接受知识的习惯，影响其批判性思维和创新能力的发展。在缺乏独立思考的学习环境下，学生的创新能力和批判性思维很难得到提升。第二，直接教学法的教学效果受到教师个人能力和教学风格的影响，若教师缺乏足够的教学经验与技巧，或者未接受充分的培训，可能会影响知识传授的效果。此外，教师可能会过度依赖直接教学法，忽略了如案例分析、小组讨论等能更好地激发学生的学习兴趣和动力的教学方法。第三，直接教学法侧重于理论知识的传授，往往忽略了实践和应用的重要性。这种教学方式易使学生只重视理论知识，而无法将其应用到实际生活中。此外，缺乏实践和应用还可能使学生感到所学知识没有实际价值，从而失去学习的动力和兴趣。第四，学生的背景、兴趣和学习风格各不相同，而直接教学法往往无法适应所有学生的学习风格。有些学生可能更喜欢通过视觉方式接受知识，而有些学生则更喜欢通过动手实践来学习。在这种情况下，直接教学法可能会使一些学生感到难以理解和接受所学知识。

其次，直接教学法在效果方面也会出现各种问题，如增加学生的学习压力、侧重短期记忆忽视长期记忆、阻碍教师专业发展、教育资源分配不均等。第一，在如高考等重要考试中，学生需记忆大量的知识点和解题技巧，这种机械式的学习方式容易使学生感到巨大的压力，甚至产生焦虑和恐惧等负面情绪。在长期的学习压力下，学生的学习动力和兴趣可能会受到抑制。第二，直接教学法侧重于知识的短期记忆，而忽视了长期记忆的培养。研究表明，单靠教师的讲解和示范，学生很难将所学知识存储在长期记忆中。而在实际应用中，长期记忆的知识才更有助于学生的发展和成长。因此，直接教授法可能会导致学生难以持久保留所学知识，影响他们的后续学习和职业生涯发展。第三，直接教学法可能会阻碍教师的专业发展。在直接教学法下，教师往往只关注如何传授知识，而忽略了其他技能的培养，如课程开发、学生评估等。此外，过于依赖直接教学法可能使

教师缺乏探究和反思教学的机会，从而无法进一步提升自己的教学水平和专业素养。第四，在直接教学法的运用中，教育资源分配不均的问题也日益凸显。在某些地区，优质的教育资源可能只集中在少数学校或地区，导致其他学校或地区的学生无法享受到同等水平的教育资源。这种不平等的教育资源分配会进一步加剧教育不公平现象，影响学生的整体发展水平和国家的整体教育质量。

总之，虽然直接教学法在一定程度上能够帮助学生获取知识，但是它的缺点也非常明显。为了更好地提高教学质量和效果，促进学生的全面发展，教育工作者应该审慎使用直接教学法，并且积极探索其他教学方法和手段来丰富和完善课堂教学，同时，重视学生的需求和发展，鼓励他们主动思考、创新和实践，以培养出更多具备批判性思维、创新能力、实践应用能力以及自主学习能力的学生。

3. 如何更好地使用直接教学法

那么如何更好地使用直接教学法呢？本小节我们深入进行探讨。

首先要有明确的教学目标、充分的课前准备、引人入胜的知识导入、多样化的教学策略和活跃的课堂互动。第一，要明确教学目标，教师必须清楚地知道每节课期望学生掌握哪些知识和技能。教学目标不仅可以为教师提供明确的教学方向，也为学生提供了清晰的学习目标，为评价学生的学习成果提供了依据。第二，要做好充分的课前准备，包括精心选择教学材料、设计板书和课件、规划合理的教学流程等。课前准备要充分考虑到学生的年龄、兴趣、认知能力和学习风格，确保教学内容能够引起学生的兴趣，激发他们的学习热情。第三，教师要注意知识导入的重要性。在开始一个新的课题或单元时，应通过引导、启发等方式激发学生的学习热情和好奇心，帮助他们建立对新知识的认知和探索欲望。第四，教师还需要采用多种教学策略来丰富课堂内容，如讲解、示范、小组讨论、案例分析等。通过多种教学策略的运用，可以帮助学生更好地理解和掌握知识，提高学习效果。第五，要加强课堂互动，以提高学生的参与度，可以通过提问、组织小组讨论等方式实现。良好的课堂互动有助于增强学生的学习动力。

其次，除了课堂教学，及时的反馈与调整和现代技术手段的运用也十分重要。在教学过程中，教师需要定期进行反思和总结，及时了解学生的学习情况并根据学生的反馈调整教学策略和方法。如果发现有学生学习进度滞后或者对某些知识点掌握不够牢固，教师需要及时采取措施进行补救教学。同时，教师还要注意观察学生对不同教学策略的反应，以便在以后的教学中更好地满足学生的学习需求。另外，随着科技的进步，教育领域也涌现出许多新的教学工具和技术手段，如多媒体课件、在线课程、互动教学平台等。这些技术手段可以极大地丰富教学内容和形式，提高教学效率。因此，教师需要关注新技术的发展趋势并积极学习将其应用到自己的教学中。例如，教师可以利用多媒体课件呈现图片、视频

等丰富的视觉信息，帮助学生更好地理解和记忆知识点，还可以通过在线课程或互动教学平台为学生提供个性化的学习资源和学习路径。

最后，除了上述两方面，教师还要注重培养学生的自主学习能力，构建和谐的师生关系。在直接教学法的基础上，教师可以适当引入自主学习和探究性学习的元素。例如，教师可以引导学生自主搜集和分析资料、进行实验探究等，让学生在实践中发现问题、解决问题，从而培养他们的自主学习能力和创新精神。教师还要关注学生的情感需求，积极与学生进行沟通交流，建立和谐的师生关系，从而促进课堂教学质量的提升。在课堂教学中，教师需要尊重每一个学生的个性和差异，鼓励他们积极发表自己的观点和意见，同时也要注重培养学生的团队合作精神和集体荣誉感。

总的来说，直接教学法是一种系统性强、效率高的教学方法。然而，为了更好地发挥其作用，在传统的基础上不断进行创新和改进是必要的。教师应通过明确教学目标、做好课前准备、注重知识导入等多种策略来提高教学效果，同时还要关注学生的学习需求和发展动态，及时调整教学策略和方法。只有这样，直接教学法才能在教育领域发挥更大的作用。

第 2 节　翻译教学法的总结

翻译教学法作为一种常用的语言教学方法，在培养学生的语言应用能力和跨文化交际能力方面具有显著优势。然而，该方法也存在一定的局限性，如可能导致学生对目标语言的发音和语调掌握不足、过于依赖翻译工具等。针对这些不足，本小节提出了一些改进建议，如加强实践教学、创设多样化的教学情境、提高教师教育教学能力等。通过这些措施，有望充分发挥翻译教授法的优势，提高语言教学效果。

1. 翻译教学法的优点

随着全球化的发展和跨文化交流的增多，翻译教学法在教育领域得到了广泛关注。翻译教学法的优点总结起来有很多，包括提升学生的语言能力、培养学生的跨文化交际能力、提高学生的跨文化适应能力、培养学生的翻译能力、促进学生的综合素质提升等方面。

第一，提升学生的语言能力。翻译教学法通过大量的翻译练习，使学生在翻译过程中接触到更多的语言材料，从而增加语言输入。在翻译教学法的课堂上，学生需要阅读和理解大量的原文材料，这可以提高学生的阅读能力，增加词汇量，从而提高语言输出能力。另外，翻译教学法注重学生的翻译实践。在翻译教学法的课堂上，学生需要将原文材料翻译成目标语言，这可以提高学生的写作

能力和口语表达能力。第二，培养学生的跨文化交际能力。翻译教学法通过翻译活动，使学生更加关注文化差异，从而增强学生的文化意识。在翻译教学法的课堂上，学生需要了解不同文化背景下的语言表达方式，能够提高学生的跨文化交际能力。第三，提高学生的跨文化适应能力。翻译教学法注重跨文化交际的训练，有助于提高学生的跨文化适应能力。在翻译教学法的课堂上，学生有机会进行跨文化交际的模拟练习，从而提高自己在实际跨文化交际中的应对能力。第四，培养学生的翻译能力。翻译教学法通过系统的翻译训练，使学生掌握一定的翻译技巧。在翻译教学法的课堂上，学生将学习到各种翻译技巧，如固定搭配、长句拆分等，从而提高自己的翻译能力。第五，促进学生的综合素质提升。翻译教学法注重多种学科、多个领域的综合，可帮助学生在训练翻译能力的同时提升综合素质。

另外，翻译教学法在培养学生的自主学习能力、激发学生的学习兴趣、培养学生的学习策略、提高学生的思维能力、提高学生的审美能力等方面也有显著效果。在激发学生的学习兴趣方面，翻译教学法通过生动、有趣的翻译活动，激发学生的学习兴趣。在翻译教学法的课堂上，学生有机会翻译各种有趣的材料，如电影对白、文学作品等，从而提升自己的学习兴趣。在培养学生的自主学习能力方面，在翻译教学法的课堂上，学生需要学会如何查找资料、分析原文、解决翻译难题等，从而培养自主学习能力。在提高学生的思维能力方面，翻译教学法通过翻译活动，锻炼学生的思维能力。在翻译教学法的课堂上，学生需要运用自己的知识和技能解决翻译过程中的各种问题，从而提高自己的思维能力。在提高学生的审美能力方面，翻译教学法通过翻译活动，使学生接触到更多的文学作品和艺术作品，从而提高学生的审美能力。

2. 翻译教学法的缺点

尽管翻译教学法在某些方面具有一定的优势，但在实际应用中仍然存在许多缺点。

第一，依赖母语，忽视目标语言的特性。翻译教学法往往过于依赖学生的母语，可能导致学生对目标语言的特性了解不足。在翻译过程中，学生往往会将目标语言与母语进行对比，而忽略了目标语言本身的特点。这将影响学生对目标语言的准确理解和表达。第二，翻译过程烦琐，影响学习效率。翻译教学法要求学生在掌握目标语言的基本语法和词汇的基础上进行翻译练习。然而，翻译过程往往较为烦琐，需要学生进行大量的对比、分析和调整。这将使学生在学习过程中产生较大的心理压力，影响学习效率。第三，过分强调翻译技巧，忽视语言应用能力的培养。翻译教学法过分强调翻译技巧的培养，导致学生对语言的应用能力不够重视。在学习过程中，学生往往过于关注语法和词汇的准确性，而忽略了语

言的实际运用。这将导致学生在实际语言应用中出现表达不地道、不自然的现象。第四，限制学生的创造性思维。翻译教学法往往要求学生在给定的框架内进行翻译练习，这将限制学生的创造性思维。在实际应用中，学生需要根据不同的语境和目的进行语言表达，过分依赖翻译教学法将使学生难以适应多样化的语言环境。第五，忽视文化差异，导致跨文化交际困难。翻译教学法在强调语言转换的过程中，往往忽视了文化差异的影响。学生在进行翻译练习时，往往只关注语言表达的准确性，而忽略了文化背景对语言表达的影响。这将导致学生在跨文化交际过程中出现误解和困难。

针对以上问题，本小节也提出了应对与改进措施。教师应从强化目标语言的学习、提高学生的语言素养、简化翻译过程、提高学习效率等方面入手，通过一系列措施，在效果输出方面采用积极有效的方法，提高翻译教学法的教学效果，为学生的语言学习提供更好的支持。

第一，为了克服翻译教学法的缺点，教师应当引导学生加强对目标语言的学习，提高学生的语言素养。在教学过程中，教师可以采用多种教学方法，如任务教学法、交际教学法等，以提高学生的语言运用能力。第二，简化翻译过程，提高学习效率。教师应简化翻译过程，减轻学生的心理压力。在教学过程中，教师可以采用多种手段，如分阶段教学、小组合作等，以提高学生的学习效率。第三，强化语言应用能力的培养，注重实际运用。教师应加强对学生语言应用能力的培养，注重实际运用。在教学过程中，教师可以设计各种实际场景，让学生在实际语境中进行语言表达，提高学生的语言运用能力。第四，培养学生的创造性思维，提高其适应能力。教师应去除限制学生创造性思维的因素，加强对学生创造性思维的培养，提高学生的适应能力。在教学过程中，教师可以采用多种教学手段，如角色扮演、头脑风暴等，以培养学生的创造性思维。第五，引导学生注重文化差异，提高其跨文化交际能力。教师应克服翻译教学法忽视文化差异的缺点，加强学生对文化差异的重视，提高学生的跨文化交际能力。在教学过程中，教师可以引入各种文化背景知识，让学生了解不同文化背景下的语言表达方式，提高学生的跨文化交际能力。

3. 翻译教学法的应用与改进

本小节旨在探讨如何更好地应用翻译教学法，并对翻译教学法进行改进。

翻译教学法在语言教学中应用广泛，不仅可以帮助学生提高语言表达能力、文化理解能力和翻译能力，还可以促进学生语言综合运用能力的提高。在提高语言表达能力方面，通过翻译实践，学生可以更好地掌握目标语言的语法和词汇，提高语言表达能力。例如，在翻译过程中，学生需要根据上下文选择合适的词汇和短语，确保翻译的准确性和流畅性，这有助于学生更好地理解和掌握目标

语言的语法和词汇，提高语言表达能力。在提高文化理解能力方面，翻译教学法可以帮助学生更好地理解和掌握目标语言的文化背景和知识。例如，在翻译过程中，学生需要了解不同文化背景下的语言表达方式和习惯，以确保翻译的准确性和得体性，这有助于学生更好地理解和掌握目标语言的文化背景和知识，提高文化理解能力。在提高翻译能力方面，翻译教学法可以帮助学生提高翻译能力。通过翻译实践，学生可以更好地掌握翻译技巧和方法，提高翻译的准确性和流畅性。例如，在翻译过程中，学生需要根据上下文选择合适的词汇和短语，确保翻译的准确性和流畅性，这有助于学生更好地掌握翻译技巧和方法，提高翻译能力。

另外，在实际应用中，翻译教学法还存在一些问题和不足，需要我们对其进行改进和完善，以更好地适应现代语言教学的需要。首先，在翻译教学法中，教师需要加强对学生的指导和帮助。例如，教师可以提供更多的翻译实践机会，让学生在实践中不断提高翻译能力。同时，教师还需要为学生提供及时的反馈和建议，帮助学生发现和改正翻译中的错误。其次，在翻译教学法中，教师需要注重学生的主体地位，鼓励学生积极参与翻译实践。例如，教师可以组织学生进行小组讨论和合作，让学生在讨论和合作中不断提高翻译能力。最后，在翻译教学法中，教师可以结合现代教育技术，提高教学效果。例如，教师可以使用多媒体教学手段，为学生提供丰富的教学资源，帮助学生更好地理解和掌握翻译技巧和方法。

总之，翻译教学法在语言教学中有着广泛的应用，可以帮助学生提高语言表达能力、文化理解能力和翻译能力，促进学生语言综合运用能力的提高。然而，在实际应用中，翻译教学法还存在一些问题和不足，需要我们对其进行改进和完善，以更好地适应现代语言教学的需要。通过加强对学生的指导和帮助、注重学生的主体地位、结合现代教育技术等措施，我们可以更好地应用翻译教学法，从而提高学生的语言运用能力和翻译能力。

第3节　直接教学法与翻译教学法对比分析

本节通过对比分析直接教学法和翻译教学法在音声学方面的优缺点，为外语学习者提供选择一种更有效、更适合自己的学习方法的思路。直接教学法是指教师使用目标语言向学生传授语言知识的教学方法，强调语音和发音的准确性。这种方法能够帮助学生准确地掌握目标语言的语音和发音，提高听力和口语能力。然而，这种方法可能不适用于母语与目标语言差异较大的学生。翻译教学法是指教师使用学生的母语向学生传授语言知识的教学方法，有助于学生更好地理解目标语言的语法和词汇。这种方法有利于提高学生的阅读和写作能力，但可能会延

迟学生对目标语言语音和发音的掌握。本节在音声学视角下对直接教学法和翻译教学法进行对比分析，阐明两者各自的优缺点。学习者应根据自己的需求和喜好选择合适的学习方法。同时，教师应灵活运用各种教学方法，以满足学生的学习需求。通过双方共同努力，外语学习者在音声方面的能力将大大提高。

1. 两种方法在语音意识培养方面的差异

本节通过对比分析直接教学法和翻译教学法在语音意识培养方面的差异，为外语学习者提供一种更有效、更适合自己的学习方法。

直接教学法在语音意识培养方面具有一定优势，其优势主要展现在重视语音和发音的准确性、提高听力和口语能力、有助于形成正确的语音习惯几个方面。

在直接教学法中，教师使用目标语言进行教学，这使得学生能够直接接触目标语言的语音和发音。第一，教师会强调语音和发音的准确性，并要求学生模仿他们的语音和发音。这种方法有利于培养学生的语音意识，使他们能够更好地掌握目标语言的语音规则和发音技巧。第二，在提高听力和口语能力方面，学生需要倾听教师的发音并模仿，这有助于学生在实际生活中应用所学语音。这种方法可以提高学生的听力和口语能力，对于培养学生的语音意识具有重要意义。第三，通过直接教学法，学生在学习过程中会逐渐形成正确的语音习惯。这是因为教师会给予及时的反馈和纠正指导，帮助学生纠正错误的发音。这有利于培养学生的语音意识，使他们能够更好地掌握目标语言的语音规则和发音技巧。

翻译教学法在语音意识培养方面也具有一定的优势。翻译教学法能够帮助学生更好地理解目标语言的语法和词汇，提高阅读和写作能力，从而克服其母语思维对外语应用的不利影响。

第一，在翻译教学法中，教师使用学生的母语进行教学，这使得学生能够更容易地理解目标语言的语法和词汇。第二，在提高阅读和写作能力方面，翻译教学法要求学生利用所学内容将一种语言翻译成另一种语言，因此学生需要在翻译过程中理解目标语言的语法和词汇，并将其准确地表达出来。这有利于提高学生的阅读和写作能力，对于培养学生的语音意识具有重要意义。翻译教学法的这些优势都有助于克服母语思维对外语学习的不利影响，使学生能够更好地掌握目标语言的语法和词汇。通过翻译教学法，学生可以在母语的基础上理解目标语言的概念和规则，从而更好地掌握目标语言。

总之，直接教学法和翻译教学法在语音意识培养方面各有优势。直接教学法能够帮助学生准确地掌握目标语言的语音和发音，提高听力和口语能力；而翻译教学法则有助于学生更好地理解目标语言的语法和词汇，提高阅读和写作能力。因此，学习者可以根据自己的需求和喜好选择合适的学习方法。同时，教师也可以应该灵活运用各种教学方法，以便更好地满足学生的学习需求，从而帮助外语

学习者提高语音意识方面的能力。

2. 两种方法在语音运用能力培养方面的差异

直接教学法与翻译教学法在语音运用能力培养方面的差异主要表现在发音准确度、语音表达能力、语音理解能力、语音转换能力等方面。

发音准确度是衡量语音运用能力培养程度的重要指标之一。在直接教学法中，教师通过教授发音技巧，让学生掌握准确的发音；而在翻译教学法中，学生在实际运用中掌握发音，可能存在发音不准确的情况。因此，在发音准确度方面，直接教学法可能优于翻译教学法。

语音表达能力是指通过语音进行有效沟通的能力。在直接教学法中，教师可能过于强调发音技巧，导致学生在实际运用中语音表达能力不足；而在翻译教学法中，学生在实际运用中提高语音表达能力，能够更好地进行跨语言、跨文化交流。因此，在语音表达能力方面，翻译教学法可能优于直接教学法。

语音理解能力是指对语音信息的接收和理解能力。在直接教学法中，教师通过教授发音技巧，让学生掌握准确的发音，有助于提高学生的语音理解能力；而在翻译教学法中，学生在实际运用中掌握语音知识，可能存在语音理解能力不足的情况。因此，在语音理解能力方面，直接教学法可能优于翻译教学法。

语音转换能力是指在不同语言之间进行语音转换的能力。在直接教学法中，教师可能过于强调发音技巧，导致学生在实际运用中语音转换能力不足；而在翻译教学法中，学生在实际运用中提高语音转换能力，能够更好地进行跨语言、跨文化交流。因此，在语音转换能力方面，翻译教学法可能优于直接教学法。

综上所述，这两种方法各有利弊，在教学方法的改进与实践方面，为了充分发挥直接教学法和翻译教学法在语音运用能力培养方面的优势，教师可以根据学生的实际情况选择合适的教学方法，或将两种教学方法相结合。首先，教师在针对学生的特点选择合适的教学方法时，应充分了解学生的特点，如发音基础、母语背景等。对于发音基础较弱的学生，可以选择直接教学法；对于母语背景与目的语差异较大的学生，可以选择翻译教学法。其次，教师可以将直接教学法和翻译教学法相结合，提高教学效果。在直接教学法中，教师可以引入翻译教学法的实际运用案例，让学生在掌握语音技巧的同时，提高实际运用能力。教师应注重实践教学，为学生提供丰富的实际运用场景，如组织跨文化交流活动、进行模拟翻译等，让学生在实践中提高语音运用能力。

总之，直接教学法和翻译教学法在语音运用能力培养方面存在差异。直接教学法能够提高学生的发音准确度和语音理解能力，但可能导致学生在实际运用中语音表达能力和语音转换能力不足；翻译教学法能够提高学生的语音转换能力和

语音表达能力，但在发音准确度方面可能存在不足。因此，教师在选择教学方法时应结合学生的实际情况，选择合适的教学方法，以促进语音运用能力的培养。

3. 两种方法在语音输入效果方面的差异

直接教学法与翻译教学法在语音输入效果方面的差异主要表现在语速、语调等方面。

语速是指在单位时间内发音的音节数。在直接教学法中，教师可能过于强调发音准确度，导致学生在实际运用中语速较慢；而在翻译教学法中，学生在实际运用中提高语速，能够更好地掌握语音技巧。因此，在语速方面，翻译教学法可能优于直接教学法。

语调是指语音的高低、升降等变化。在直接教学法中，教师可能过于强调发音技巧，忽视了语调的变化；而在翻译教学法中，学生在实际运用中能够更好地掌握语调变化，提高语音的生动性。因此，在语调方面，翻译教学法可能优于直接教学法。

总之，直接教学法和翻译教学法在语音输入效果方面存在差异。直接教学法能够提高学生的发音准确度，但可能导致学生在实际运用中语速较慢；翻译教学法能够提高学生的实际运用能力和语调的生动性，但在发音准确度方面可能存在不足。因此，教师在选择教学方法时应结合学生的实际情况，选择合适的教学方法，以提高语音输入效果。同时，教师还应关注语音识别技术的发展趋势，不断更新教学内容，为提高语音输入效果提供有力支持。

4. 两种方法在语音思维模式形成方面的差异

直接教学法与翻译教学法在语音思维模式形成方面的差异主要表现在语音运用策略方面。

在直接教学法中，由于过于强调发音技巧，学生可能在不同语境下的语音运用策略不足。而在翻译教学法中，学生在实际运用中掌握语音知识，能够更好地应对不同语境下的语音运用策略。因此，在语音运用策略方面，翻译教学法可能优于直接教学法。

影响两种方法在语音思维模式形成方面差异的主要因素为学生个体差异和教学资源与环境。不同学生的学习能力、语言基础、母语背景等因素都会影响两种教学方法在语音思维模式形成方面的差异。因此，教师在选择教学方法时应充分考虑学生的个体差异。教学资源与环境是影响直接教学法与翻译教学法在语音思维模式形成方面差异的重要因素。优质的教学资源、良好的学习环境有助于提高学生语音思维模式的形成程度。因此，教师应充分利用教学资源，为学生创造良好的学习环境。

第 4 节　直接教学法与翻译教学法面临的挑战与问题

直接教学法和翻译教学法在语言教学中都面临挑战与问题，主要包括教师队伍素质参差不齐、教材编写和课程设置不完善、学生个体差异导致教学效果差异等三个方面。

1. 教师队伍素质参差不齐

教育是民族振兴、社会进步的基石。在教育事业发展中，教师是关键因素。然而，当前我国教师队伍素质参差不齐，影响了教育质量的提高和教育公平的实现。因此，分析教师队伍素质参差不齐的表现、原因，探讨解决策略，对于促进教育事业的发展具有重要意义。

（1）教师队伍素质参差不齐的表现

一是教育背景与专业素质差异大。教师队伍中，有的人拥有水平较高的教育背景和专业素质，有的人则相对较低。这种差异导致了教学水平的不稳定和教育质量的波动。二是教学能力与教育理念不同。教师的教育理念和教学能力直接影响学生的学习兴趣和效果。素质参差不齐的教师队伍中，教育理念和教学方法各异，难以形成统一的教育教学风格。三是教师激励机制不完善。教师队伍素质参差不齐的现象在很大程度上与现行教师激励机制不完善有关。激励机制不足导致优秀教师流失、教师工作积极性不高等问题。

（2）教师队伍素质参差不齐的原因

一是教育资源分配不均。教育资源的分配不均是导致教师队伍素质参差不齐的重要原因。城乡之间、校际教育资源差距较大，影响了教师队伍的整体素质。二是教师选拔与培养机制的问题。教师选拔与培养机制不健全，导致部分优秀人才无法进入教师队伍，现有教师的教育教学能力难以提高。三是社会观念与价值取向。社会对教师的期望与价值取向影响了教师队伍的素质，部分人对教师职业缺乏认同感，导致教师队伍素质整体不高。

（3）提高教师队伍素质的对策

一是加强教师培训，提高教师的教育教学能力，促进教师专业发展。通过定期组织教师培训、开展教育教学研讨活动等方式，提高教师的教育教学水平。二是完善教师激励机制，建立科学合理的教师评价体系，充分发挥激励机制的作用，激发教师的工作积极性，留住优秀教师，提高整体素质。三是优化教育资源分配，推进教育资源的均衡配置，缩小城乡之间、校际的教育资源差距，为提高

教师队伍素质创造条件。四是完善教师选拔与培养机制，确保优秀人才进入教师队伍，提高教师队伍的整体素质。五是引导社会观念与价值取向，加大宣传力度，引导社会树立正确的教师观，提高教师的社会地位，为提高教师队伍素质营造良好的社会环境。

总之，教师队伍素质参差不齐是当前教育事业发展中亟待解决的问题。通过加强教师培训、完善教师激励机制、优化教育资源分配、健全教师选拔与培养机制以及引导社会观念与价值取向等措施，可以提高教师队伍素质，促进教育事业的均衡发展。

2. 教材编写和课程设置不够完善

随着社会的发展，教育的重要性日益凸显。教学法是教育的重要组成部分，对于提高教学质量和学生学习效果具有至关重要的作用。然而，当前教学法面临着许多挑战，其中教材编写和课程设置不完善的问题较为突出。本节将对此进行深入探讨，提出改进措施，以期为教育质量的提高提供参考。

当下教材编写面临的问题主要体现在三个方面：一是内容陈旧。当前教材内容更新缓慢，未能及时反映最新的科技成果和社会发展。这导致学生难以接触到前沿的知识和技术，影响其未来的发展。二是缺乏实际应用。部分教材内容过于注重理论知识，未能充分结合实际应用。这使得学生难以理解和掌握相关知识，影响其学习兴趣和动力。三是编写质量参差不齐。由于教材编写者的水平和观念存在差异，导致教材质量参差不齐。一些教材编写者未能深入浅出地讲解知识，影响学生的学习效果。

在课程设置方面的问题也不容忽视，主要体现在三个方面。一是课程结构单一。当前部分学校的课程设置过于单一，缺乏多元化的课程体系。这使得学生难以全面了解和掌握相关知识，影响其综合素质的提高。二是课时安排不合理。部分学校在课时安排上存在不合理之处，导致部分课程内容重复讲解或缺乏足够的时间来深入探讨。这不仅浪费了教学时间，还可能影响学生的学习效果。三是缺乏实践环节。部分课程未能充分设置实践环节，导致学生难以将所学知识应用于实际操作中。这不仅影响学生的学习效果，还可能影响其未来的职业发展。

针对以上问题的改进措施主要有以下两个方面。一是更新教材内容。①建立教材审查机制：教育部门和学校应建立严格的教材审查机制，确保教材内容的科学性和适用性。同时，鼓励编者及时更新教材内容，使教材内容与科技和社会发展相适应。②提高教材的实用性：教材应更加注重实际应用，将理论知识与实践相结合。这有助于提高学生的学习兴趣和实际操作能力，使其更好地适应未来的职业需求。③引进优秀教材：借鉴优秀的国外教材，引入新的教学理念和方法，以提高我国教材的整体质量。同时，在引进过程中，要注重本土化改造，以

适应我国的教育体系和学生需求。二是多元化课程设置。①丰富课程类型：学校应增加选修课、实践课等不同类型的课程，以满足学生多元化的需求。同时，应鼓励教师开发新的课程，以适应时代的发展和教育的需求。②合理安排课时：学校应合理安排各门课程的课时，确保课程内容得到充分讲解。同时，要避免课程的重复讲解，提高教学效率。③强化实践环节：学校应增加实践环节在课程中的比例，让学生有更多机会将所学知识应用于实际操作中。同时，应鼓励教师开展实践活动，帮助学生提高实践能力和创新意识。

综上所述，随着社会的不断发展，教育面临的问题和挑战也在不断增多。其中，教材编写和课程设置不够完善是较为突出的问题。为了提高教学质量和学习效果，我们必须对这些问题进行深入探讨并采取改进措施。通过更新教材内容、设置多元化课程、加强教师培训等方法提高教学质量，我们可以逐步解决教材编写和课程设置方面的问题，为学生的成长和发展创造更好的条件。

3. 学生个体差异导致教学效果差异

教学法是教育的重要组成部分，对于提高教学质量和学生学习效果具有至关重要的作用。然而，在实际教学过程中，学生个体差异对教学效果产生了重要影响。本节将对此进行深入探讨，提出应对学生个体差异的教学策略，以期为提高教学质量提供参考。

教学法是教育理论和实践的结合，对于提高教学质量和学习效果具有至关重要的作用。教学法提倡教师主导、学生主体，强调师生的互动和合作。良好的教学法能够激发学生的学习兴趣，培养其自主学习的能力，从而促进教育的发展。然而，学生的个体差异对教学效果有着重要影响。在教学过程中，学生的个体差异主要体现在以下三个方面。一是学生认知风格的差异。不同的学生有不同的认知风格，这会影响他们对知识的获取和加工方式。认知风格包括场独立型和场依存型、冲动型和审慎型等。具有不同认知风格的学生对于信息的接收、处理和记忆方式存在差异，这可能导致教师在教学过程中难以满足所有学生的需求，从而影响教学效果。二是学生知识水平的差异。由于学生的成长背景、教育经历以及个体天赋等方面的不同，他们的知识水平也会存在差异。这种差异可能导致教师在教学过程中难以把握教学难度和进度，从而影响教学效果。三是学生兴趣爱好的差异。学生的兴趣爱好直接影响他们对课程内容的关注度和参与度。如果教学内容和方法不能很好地适应学生的兴趣爱好，就可能导致学生对课程内容失去兴趣，从而影响教学效果。

应对学生个体差异的教学策略主要有三点。一是多样化教学方法。针对学生个体差异问题，教师可以采用多样化教学方法来提高教学效果。例如，场独立型学生更喜欢独立思考和学习，教师可以采用问题解决法和发现学习法等教学方

法，鼓励他们自主探究和解决问题；场依存型学生更喜欢与他人合作和讨论，教师可以采用合作学习法和讨论学习法等教学方法，促进他们通过团队合作获取知识。二是分层次教学。分层次教学是根据学生的知识水平将学生分成不同层次进行教学的一种方法。教师可以根据学生的知识水平制定不同的教学目标、教学内容和评价标准，使教学更加适应不同层次学生的需求。此外，教师还可以组织学生进行小组讨论、互助学习等，帮助他们互相交流、合作提高。三是关注学生兴趣爱好。教师在教学过程中应关注学生的兴趣爱好，尽可能地将课程内容与学生的兴趣爱好相结合。例如，教师可以利用多媒体技术将课程内容以生动有趣的方式呈现给学生，增加学生对课程内容的兴趣；教师还可以组织学生进行课外拓展活动，将课程内容与学生的实际生活联系起来，增强学生对课程内容的理解和应用能力。

综上所述，由于学生个体差异的存在，教学效果的差异也成了一个不可避免的问题。为了更好地提高教学效果，教师需要在教学方法、教学内容和评价标准等方面进行不断的探索和创新，尽可能满足不同学生的需求。只有这样才能够真正实现教育公平，促进每一个学生的全面发展。

第 5 章
结 论

1. 音声学视角下直接教学法与翻译教学法的对比分析

直接教学法直接用目的语言教授语音、词汇和语法等语言知识，而翻译教学法则通过母语与目的语言的互译来教授语言知识。在音声学视角下，这两种教学法具有各自的优势和局限性。

首先，直接教学法在音声学视角下具有显著的优势。由于直接教学法不涉及母语的干扰，因此可以更加直接地传授目的语言的语音、词汇和语法等语言知识，学生可以更加迅速地掌握正确的发音和语调，因为他们是直接模仿教师的发音和语调，而非经过母语的干扰。此外，直接教学法还可以帮助学生更快地建立目的语言的语言意识和感知能力，这有助于他们在以后的学习中更加高效地理解和使用该语言。然而，直接教学法也存在局限性。对于一些学生来说，直接教学法可能会加大语言学习的难度。由于没有母语的支撑，部分学生在学习目的语言的过程中可能会感到困惑和无助。此外，由于文化背景的不同，学生可能会在目的语言的学习中遇到很多文化上的困惑和误解，而直接教学法往往缺乏对文化因素的教学。

翻译教学法在音声学视角下也具有一定的优势。首先，翻译教学法可以帮助学生更好地理解目的语言的文化背景和语言结构。通过母语的翻译，学生可以更加清晰地认识到两种语言的差异和相似之处，从而更好地掌握目的语言的语音、词汇和语法等语言知识。此外，翻译教学法还可以有效地解决学生在学习目的语言时遇到的文化困惑和误解等问题。然而，翻译教学法也存在局限性。首先，翻译教学法可能会阻碍学生在目的语言学习中的进步。由于学生需要将学习内容先翻译成母语后再理解，可能无法快速建立起对目的语言的理解和认知。此外，翻译教学法也无法避免母语的干扰，这可能会导致学生在目的语言的发音和语调上出现困难。

综上所述，直接教学法和翻译教学法在音声学视角下都具有各自的优势和局限性。在教学过程中，教师应该根据学生的实际情况和教学目标来选择合适的教

学法。如果学生的母语背景比较单一，且学习目的语言的目标是长期的深入学习和应用，那么可以选择直接教学法为主的教学方式；如果学生的母语背景比较复杂，或者他们只需要掌握一些基本的语言知识就可以满足他们的需求，那么可以选择翻译教学法为主的教学方式。同时，教师也应该注意两种教学法的搭配使用，最大限度地发挥它们的作用。

2. 音声学视角下两种方法应用的对策建议

在音声学视角下，针对两种方法的应用背景和意义，本部分从教师队伍建设、教材和课程设置、学生个体差异教学策略、社会认知和接受程度等方面提出相应的对策建议，旨在提高两种方法的应用效果，促进音声学的发展和进步。

在教师队伍建设方面：首先，加强教师岗前和在职培训，提高教师的专业素质和教学能力；其次，鼓励教师参与学术交流与合作，拓展教师的学术视野和教学经验；最后，建立有效的激励机制，激发教师的工作热情和创新能力。这些措施可以使教师更好地掌握和运用两种方法，提高教学质量和效果。

在教材和课程设置方面：首先，增加教材的实践性和创新性，融入更多的实际案例和创新性实验；其次，加强课程设置的系统性和前瞻性，关注学科前沿和技术发展趋势；最后，关注社会需求和个人需求，建立多元化的课程体系，提供更加灵活的教学方式。通过这些措施，可以更好地满足社会和个人需求，提高音声学的教学效果和应用价值。

在学生个体差异方面：首先，针对学生的不同背景和兴趣爱好，制定个性化的教学计划和方案；其次，采用多元化的教学方法和手段，满足不同学生的学习习惯和需求；最后，建立有效的反馈机制，及时了解学生的学习情况和问题，调整教学策略，提高学生的学习效果。通过这些措施，可以更好地发掘学生的潜力和才能，促进音声学的普及和应用。

在社会认知和接受程度方面：首先，加强音声学的宣传和推广，提高社会对音声学的认知和了解；其次，鼓励音声学的教育和研究，支持音声学的发展和应用；最后，建立音声学领域的专业组织和协会，促进音声学领域的交流和合作。通过这些措施，可以提高社会对两种方法的认识和接受程度，推动音声学在各个领域的应用和发展。

因此，未来还需要在以下几个方面进行深入研究：①两种方法在具体领域的应用及其效果评估；②音声学与其他学科的交叉融合及创新应用；③音声学教育资源的均衡分配及普及推广策略；④音声学研究方法的改进和完善等。

总之，本节从教师队伍建设、教材和课程设置、学生个体差异教学策略、社会认知和接受程度等方面提出了一系列对策建议，旨在提高音声学视角下两种方法的应用效果。这些建议不仅对促进音声学的发展具有重要的理论价值，而且对

解决实际问题和推动音声学发展具有积极的实践意义。在未来的研究中，我们将继续关注音声学领域的发展动态和趋势，深入探讨两种方法在不同领域的应用及其效果评估，为音声学的发展做出更多贡献。

3. 音声学视角下两种方法在语言教学中应用的展望

本书在音声学视角下对直接教学法与翻译教学法进行对比分析，使我们更加清晰地认识到两者在语言教学中的优势与不足。随着科学技术的不断发展，教学方法和手段也在不断更新。在未来，音声学视角下的直接教学法和翻译教学法如何在语言教学中更好地应用，成为值得我们探讨的问题。本部分从以下几个方面展望音声学视角下两种方法在语言教学中的应用前景。

（1）教育技术的支持。随着教育技术的发展，音声学视角下的直接教学法和翻译教学法将得到更为广泛的应用。例如，虚拟现实、人工智能等技术将为语言教学提供更加真实的语境和互动体验，使学生在不同文化背景下的交际更加自然。同时，教育技术也将为教师提供更多有效的教学工具和资源，帮助教师更好地实施直接教学法和翻译教学法。

（2）个性化教学的推广。未来，个性化教学将在语言教学中得到广泛应用。音声学视角下的直接教学法和翻译教学法将根据学生的特点和需求进行调整和优化，为学生提供更加符合个人兴趣和需求的学习方式。这将有助于激发学生的学习兴趣，提高学习效果。

（3）跨文化交际的重视。在全球化的背景下，培养跨文化交际能力成为语言教学的重要目标。音声学视角下的直接教学法和翻译教学法将更加注重培养学生的跨文化交际能力，使学生在学习目标语言的同时，能够了解不同文化背景下的交际方式和习惯。这将有助于培养具有国际视野和竞争力的人才。

（4）教师队伍的专业化与多元化。未来，音声学视角下直接教学法和翻译教学法的应用将促进教师队伍的专业化与多元化。教师需要不断提高自己的教育教学能力，同时具备跨学科的知识和技能。这将有助于提高语言教学的效果，满足学生多样化的学习需求。

（5）教育改革的深化。随着教育改革的深化，音声学视角下的直接教学法和翻译教学法将在课程设置、教学评价等方面得到更好的应用。教育改革将推动教材编写和课程设置进一步完善，为直接教学法和翻译教学法的实施创造有利条件。

综上所述，音声学视角下直接教学法与翻译教学法在未来语言教学中拥有诸多发展机遇。然而，如何充分发挥两种教学法的优势，克服其局限性，实现教学方法的融合与创新，仍需我们不断探索与实践。通过深入研究、不断创新，我们相信音声学视角下的直接教学法和翻译教学法将在未来语言教学中发挥更大的作用，为提高教育质量做出更大的贡献。

参考文献

中文文献

蔡桂鑫，赵英晖，2013. 精简与归一：蔡式教学法或以翻译为统筹的外语教学法［M］. 2版. 上海：上海三联书店.

陈欣，2007. 现代英语教学法主要流派之我见［J］. 成都大学学报（教育科学版）（5）.

李江南，何淼，2016. 英语教学研究对当前东南亚语言教学的借鉴与思考［J］. 昆明冶金高等专科学校学报（12）.

刘润清，2015. 外语教学中的科研方法［M］. 北京：外语教学与研究出版社.

秦晓晴，毕劲，2016. 外语教学定量研究方法及数据分析［M］. 北京：外语教学与研究出版社.

全国高等教育自学考试指导委员会，2000. 外语教学法［M］. 北京：高等教育出版社.

束定芳，1995. 当代外语教学理论研究中的几个重要趋势［J］. 解放军外语学院学报（5）.

束定芳，庄智象，2008. 现代外语教学理论、实践与方法［M］. 上海：上海外语教育出版社.

孙美芳，2015. 如何提高英语教学质量［J］. 中国校外教育（7）.

王晓红，赵红梅，2021. 教学法挑战下的问题及改进措施［J］. 教育研究（9）.

武和平，武海霞，2014. 外语教学方法与流派［M］. 北京：外语教学与研究出版社.

殷勤，2009. 现代外语教学法［M］. 北京：中央编译出版社.

张秀梅，2011. 英语教学法主要流派述评［J］. 时代教育（教育家）（4）.

日文文献

有馬俊子（2008）『日本語の教え方の秘訣』スリーエーネットワーク。
庵功雄・高梨信乃・中西久実子・山田敏弘（2006）『日本語文法ハンドブック』スリーエーネットワーク。
木村宗男（2000）『日本語教授法―研究と実践』凡人社。
木村宗男・川本喬（1998）『日本語教授法』おうふう。
小林ミナ（2002）『よく分かる教授法』アルク。
佐々木瑞枝（1995）『留学生と見た日本語』新潮社。
佐々木瑞枝（2005）『外国語としての日本語』講談社。
佐治圭三・真田信治（1996）『日本語教師養成シリーズ』東京法令出版。
城生佰太郎（2008a）『実験音声学入門』サン・エデュケーショナル。
城生佰太郎（2008b）『一般音声学講義』勉城出版。
鈴木正子（1993）『実践日本語教授法』凡人社。
スリーエーネットワーク（2001）『みんなの日本語』スリーエーネットワーク株式会社。
高見澤孟（1989）『新しい外国語教授法と日本語教育』アクル。
東海大学留学生教育センター（2005）『日本語教育法概論』東海大学出版会。
戸田貴子（2008）『日本語教育と音声』くろしお出版。
西蔭浩子（1993）『日本語教室の窓から』研究社。
日本語教育普及研究会（1993）『めざせ日本語教師』三修社。
日比谷潤子・平高史也（2005）『多言語社会と外国人の学習支援』慶應義塾大学出版会。